歴史文化ライブラリー

259

検証 島原天草一揆

大橋幸泰

目　次

島原天草一揆の現在――プロローグ

1　島原天草一揆の現在

原城発掘

一九九〇年代以降、長崎県南高来郡南有馬町（現、南島原市）にある国指定史跡「原城跡」の発掘調査が継続的に行われている。原城は、寛永十四年（一六三七）十月～翌年二月に肥前国島原半島および肥後国天草島で起こったキリシタンによる武力蜂起、いわゆる「島原の乱」（以下、本書では「島原天草一揆」の呼称を使用する。その理由は、本書全体を通じて示したいと考えるので、ここでは詳しく述べない。本書を通読の上、エピローグを参照していただきたい。ご批判を乞う）の最後の舞台である。

平成四年（一九九二）から同十二年までの九次にわたる調査結果は、南有馬町教育委員会（松本慎二編）により『南有馬町文化財報告書第2集　原城跡』・『南有馬町文化財報告書第3集　原城跡Ⅱ』・『南有馬町文化財報告書第4集　原城跡Ⅲ』として、それぞれ平成八・十六・十八年にまとめられた。当初の予定では、十年計画で網羅的に十区画を年度ごとに調査する予定であったというが、本丸跡を調査し始めると予想を越えて多くの遺物・遺構が出土したため、本丸跡地区を重点的に調査することに変更されたという。本丸跡以外の調査については今後に期待されるが、本丸跡地区の発掘のみでもこの一揆の認識を新たにさせる重要な発見があった。

原城落城の際に惨殺されたと思われる多数の人骨や、鉛の鉄砲玉を鋳直して急拵えで造ったと思われる小さな十字架などが掘り出されたほか、石垣の状況から原城の本格的な破却は一揆後であったことがわかった。これらの成果をもとに、平成十年十月には地元でシンポジウムが行われ、その内容は、石井進・服部英雄編『原城発掘』（新人物往来社、二〇〇〇年）にまとめられている。発掘事業はその後も継続されており、その成果は同十八年三月に南有馬町から発行された『原城』と題するカラー写真入りのパンフレットにも紹介されている。

豊富な文献史料

一方、この一揆に関する文献史料は、古くから豊富に存在することが知られている。林銑吉編『島原半島史』（一九五四年、島原天草一揆史料はその中巻）をはじめとして、近年では鶴田倉造編『原史料で綴る天草島原の乱』（熊本県本渡市、一九九四年）など、大部な史料集の刊行がそれを示している。同時代の史料の絶対量がそれほど多くないことを考えると、この一揆に関わる史料は際だって多い。それはこの一揆が当該期における重要な事件であったことを意味している。

この一揆をどう位置づけるかは、近世史全体をどう認識するのかということと密接に関わってくるので、この一揆は幕藩体制成立期の歴史叙述では決してはずすことのできない出来事の一つである。したがって、史料が豊富に存在するとはいえ、文献史料のほとんどは検討し尽くされているとの観もある。

本書の課題

本書に与えられた課題は、右のような最新の発掘調査の結果をふまえて、既知の史料を再検討しながら島原天草一揆の歴史的意義を考えようとすることにある。発掘調査は、この一揆の歴史的位置を考える上で新たな材料を提供していることは間違いないが、研究蓄積も分厚く、本書で使用する文献史料はほとんど既知の史料であるから、新たな知見を示すことができるかどうかは心許ない。筆者の手元にある島原天草一揆を専論とする主な単行本をあげるだけでも、岡田章雄『天草時貞』（吉川弘文館、一九六〇年）、海老沢有道『天草四郎』（人物往来社、一九六七年）、助野健太郎『島原の乱』（桜楓社、一九七〇年）、渋江鉄郎『島原一揆』（昭和堂印刷、一九七五年）、煎本増夫『島原の乱』（教育社、一九八〇年）、戸田敏夫『天草・島原の乱―細川藩史料による―』（新人物往来社、一九八八年）、鶴田文史『西海の乱と天草四郎』（葦書房、一九九〇年、なお、同氏の一連の島原天草一揆関係論文は、『西海の乱 上巻―天草民衆運動史研究―』・『西海の乱 下巻―天草民衆運動史図録―』天草文化出版社、二〇〇五・〇六年、に所収）、志岐隆重『ドキュメント島原・天草の乱』（葦書房、一九九一年）、鶴田倉造『上天草町史大矢野町編3 天草島原の乱とその前後』（熊本県上天草市、二〇〇五年）、神田千里『島原の乱―キリシタン信仰と武装蜂起―』（中央公論新社、二〇〇五年）、などがある。

この一揆は史料が多様に存在するだけに、多方面からの検討が可能であることも確かであるが、網羅的にこの一揆を検討しても、あまり変わり映えのしない叙述になりかねないとの懸念がある。そこで本書では、この一揆に関わることを過不足無く検討するというよりは、当該期はもちろんその後の近世期全体を射程に入れて、島原天草一揆とは近世人にとって何であったのかという視点を大事にしたい。というのは、従来の研究は、島原天草一揆そのものの経緯については詳しく追っているものの、その後の近世の国家と社会に与えた影響の検討という点では弱いと思われるからである。

島原天草一揆は、幕藩体制の矛盾がもっとも早い段階で表出した重要な事件であるとともに、近世期を通じて大きな影響を保ち続けた事件であったことも間違いない。島原天草一揆の一揆物語が多く出回っている事実や、一揆後、幕末に到るまで、秩序を揺るがすような事件が起こったり、治安が不安定な状況になったとき、たびたびこの一揆の記憶が甦っていることが、そのことをよく示している。これまで筆者は、民衆史研究の一環として、主として島原天草一揆後のキリシタン禁制や潜伏キリシタンをめぐる問題を検討してきたが、そうした研究成果をふまえて、一揆後の島原天草一揆の意味を射程にこの一揆を描いてみるのも意味のあることだと判断する。

新たな研究動向

ところで、九〇年代以降の発掘調査をふまえて、近年この一揆の性格が再考されつつある。とりわけ戦国期の民衆運動史研究をリードしている神田千里氏の島原天草一揆研究は、戦国期の民衆運動との関連でこの一揆を考えようとしており、近年の研究の中ではもっとも体系的に新たな展望を示そうとしている。その成果は、『土一揆の時代』（吉川弘文館、二〇〇四年）、『島原の乱』（前掲）にまとめられているので、まずはこれらを手がかりに、神田氏が描く島原天草一揆の検討から始めよう。

神田氏の島原天草一揆研究は、主に二つの柱から成り立っている。一つは土一揆（つちいっき）としての島原天草一揆、もう一つは宗教運動としての島原天草一揆である。

土一揆としての島原天草一揆

土一揆とは、十五～十六世紀畿内を主な舞台に展開した徳政を要求する民衆運動であることはよく知られている。神田氏によれば史料上「土一揆」という語は、徳政を要求して武力蜂起する「土民（どみん）」集団ばかりでなく、戦争のために動員された「土民」集団も意味するという。島原天草一揆に参加した百姓はみずから進んで参加した者ばかりでなく、参加強制により動員された百姓を数多く含んでおり、百姓が戦争のために組織されたという意味で土一揆と共通する。

組織のあり方に目を向ければ、土一揆も島原天草一揆も下級武士の範疇に入る牢人（ろうにん）が指導者となっており、これも共通する。また、要求の求め方という点でも、訴訟を意図した蜂起であったという点で、土一揆と島原天草一揆は共通するという。前者は徳政を、後者はキリシタン信仰の容認を求めるための蜂起であったというのである。

神田氏は、一揆勢の構成、組織のあり方、要求の求め方など、どれをとっても土一揆と島原天草一揆は共通性を持っていることから、土一揆の延長上に島原天草一揆を位置づけることが可能であるとする。このような土一揆としての島原天草一揆という認識は、勝俣鎮夫『戦国時代論』（岩波書店、一九九六年）や藤木久志『雑兵たちの戦場』（朝日新聞社、一九九五年）をはじめとする近年の戦国史研究を前提に、十五〜十七世紀前期を一つのまとまった時代として見る見方の一環である。この見解は、中近世移行期としてこの時代をとらえる研究状況に呼応したものといえよう。

宗教運動としての島原天草一揆

いま一つの、宗教運動としての島原天草一揆はどうか。この一揆はキリシタンが武力蜂起した一揆として知られている。それは厳しい弾圧に屈して一度棄教した者が、再び信仰を表明した「立帰」りキリシタンによる蜂起であった。しかし、この一揆にはみずから進んで「立帰」った者ばかりでなく、信仰強制の上、一揆への参加強制が発動され、余儀なくキリシタンとなって参加した者たちが多数含まれていた。神田氏は、一揆勢がキリシタンから見て異教徒である「日本宗」（神仏信仰）への攻撃や寺社破壊などを遂行したことに注目した。

このような一揆勢の行動は、キリシタン大名時代への回帰を志向したのであり、そもそもこの一揆の前提となるキリシタン禁制は、信徒・非信徒の厳しい抗争を止揚しようとした宗教政策であったと神田氏は位置づける。氏は一揆の背景に経済的な収奪があったことを無視していないが、それが直接のきっかけであったとの見方を否定する。この見方は、つとにキリシタン一揆としてこの一揆を位置づけた煎本増夫『島原の乱』（前掲）や、近年の原城発掘の調査結果をふまえた服部英雄「原城の戦いと島原・天草の乱を考え直す」(丸山雍成編『日本近世の地域社会論』文献出版、一九九八年)を前提としたもので、宗教対立こそこの一揆の原因であるとする。とりわけ服部氏は、一揆勢は、各地に潜伏するキリシタンの蜂起を促して内乱誘発を企図するとともに、ポルトガルの援軍を期待していたとの興味深い見方を示している。神田氏の研究は、このような煎本氏や服部氏の見解を、さらに幕府の宗教政策全体にまで敷衍して示したものといえよう。

以上のような神田氏の研究は、次の二つの点で重要な研究史的意義を持っている。

神田氏の研究史的意義

一つは、権力対民衆という二項対立的評価を止揚したことである。島原天草一揆の背景として、経済的収奪を重視するにせよ、キリシタン禁制を重視するにせよ、従来の研究はいずれも権力による抑圧こそがその原因と見て、それに抵抗する民衆の姿を描き出してきた。それに対して神田氏はこの一揆を、権力対民衆という階級対立からではなく、民衆内部の宗教対立から起こったものとして描いている。

近年の歴史研究は、権力がむき出しの暴力のみによって権力を維持しているのではなく、民衆の側に権力を支える論理が内包されていることによって権力が存立していることを指摘しているが、この一揆を宗教戦争としてとらえる見方はそうした研究潮流の一環に位置する見解といえよう。民衆という被治者は一枚岩ではなく、その内部に多様性や矛盾を持っていたことに注目するという点で重要である。

神田氏の研究のもう一つの意義は、宗教の歴史的役割を強調したことである。飢饉・災害・戦乱などにより生きること自体厳しかったこの時代、人びとが宗教に心の安寧を求めようとしたのはまったく不思議なことではない。その際、キリシタンにすがるか、神仏にすがるか、との違いがあって、キリシタンが広まった地域ではその決定的対立が存在した。神田氏は、その帰結として島原天草一揆を位置づけるとともに、その前提となるキリシタン禁制をキリシタンと非キリシタンとの確執を止揚して、地域社会を安定させることを企図した宗教政策として位置づける。宗教こそが当該期に惹起したさまざまな出来事の背景にある、というのである。

このとらえ方も近年の歴史研究の潮流と無関係ではない。近代化・文明化の矛盾が指摘されたり、現実の社会主義国の実態が明らかになるにつれ、歴史は発展するという発展段階論に対する懐疑的な見方が噴出してきたのと並行して、近年、歴史における宗教の役割が改めて注目されてきている。それは一九九〇年代以降、歴史学会の機関誌の特集や年次大会において、宗教の問題が取り上げられることが多くなったことに端的に表れている。とりわけ近世史研究において顕著である。かつて近世人は合理的精神が涵養されて、神仏の呪縛から解放されたかのように描かれることもあったが、改めて史料に即して検討してみれば、近世期を通じて宗教の役割は決して減じていない。権力の宗教性を論じる王権論、地域秩序における寺社の役割を論じる地域社会論、さまざまな民間宗教者を論じる身分的周縁論といった議論にその成果が表れている。

本書の分析視角

このように神田氏の研究は、深刻な宗教対立が惹起する現代社会の課題と、それに応えようとする現代歴史学の潮流をふまえて、被治者内部の多様性や矛盾に注目したこと、および宗教の歴史的役割に注目したこと、という点で島原天草一揆研究に新たな段階をもたらした。これら神田氏の研究から学ぶべき点は少なくない。

しかし、そこには、近世期を見通したときの違和感がないわけではない。神田氏の研究は、十五世紀から十七世紀前期を一つのまとまった時代として見る、中近世移行期論の一環として確かに説得力のある議論を展開しているが、この一揆がその後の近世国家・社会にどのような影響を与えたのか、という点については具体的には不明である。それればかりか、この一揆を宗教運動ととらえることは、今度はかえって近世期を通じてこの一揆が持った意味との間に断絶を生んでしまっているように筆者には思える。そこで本書では、近世期全体を視野に含めて島原天草一揆の歴史的位置を検証することを念頭に置き、これを縦軸の視点とする。

一方、本書で詳しく見ていくように、この一揆には一見矛盾するような要素を含んで展開しているところがある。たとえば、原城に立て籠もる一揆勢が幕府軍に対して放った矢文の内容が、領主への恨みがあるとするのと、ないとするのがあるというように、である。最初に結論めいたことをいうようだが、本書では、そのうちのどちらかが本質である、という立場はとらない。この一揆に関わることをすべてまんべんなく叙述することは、紙幅の点でも筆者の能力の点でも困難だが、一見矛盾しているように見える要素を丸ごと受け止めて、それらを総体として描いていくことに努めたい。これが本書の横軸の視点である。

以下、順を追って全体の見取り図を示せば、「矢文に見る一揆勢の意識」「島原天草一揆における女性」の各章では、一揆集団の多様性について、「一揆集団の諸相と論理」「天草四郎の実像とその役割」の各章では、混成集団としての一揆勢を統括する論理について、それぞれ検討した上で、「島原天草一揆の終わり方」「近世人の島原天草一揆認識と『仁政』」の各章では、一揆がその後の近世国家・社会をどのように規定したのか、という点について検討していくことにする。そうした作業を通じて、筆者なりの島原天草一揆像を浮かび上がらせたい。

なお、本書では、先にあげた鶴田倉造編『原史料で綴る天草島原の乱』所載の史料を主に使用する。この史料集は、後世に編纂された実録物ではない、同時代の一次史料を日付順にほぼ網羅的に並べた画期的な労作である。この史料集がなかったら本書もなかった。学恩に感謝申し上げる。以下、煩雑になることを考慮して、この史料集からの引用は頁数のみ記載する。また、この一揆は寛永十四年（一六三七）十月下旬から翌十五年二月末まで一揆状態が継続した事件であるが、同じく煩雑になるのを避けるため、寛永十四・十五年については年代を記すことを省略する。以下、年代が明記されない日付は、十〜十二月については寛永十四年、一〜三月については寛永十五年のその日付である。

一揆の時系列的経過

内容の分析に入る前に、まず、一揆の概略を時系列的に示そう。慶長十七年（一六一二）幕府によってキリシタンを禁止する旨が明確に表明されてから、各地でキリシタンに対して厳しい弾圧が展開されていった。地域の条件や領主の個性によって、その弾圧には濃淡があったが、訴人褒賞制度など巧妙な手段

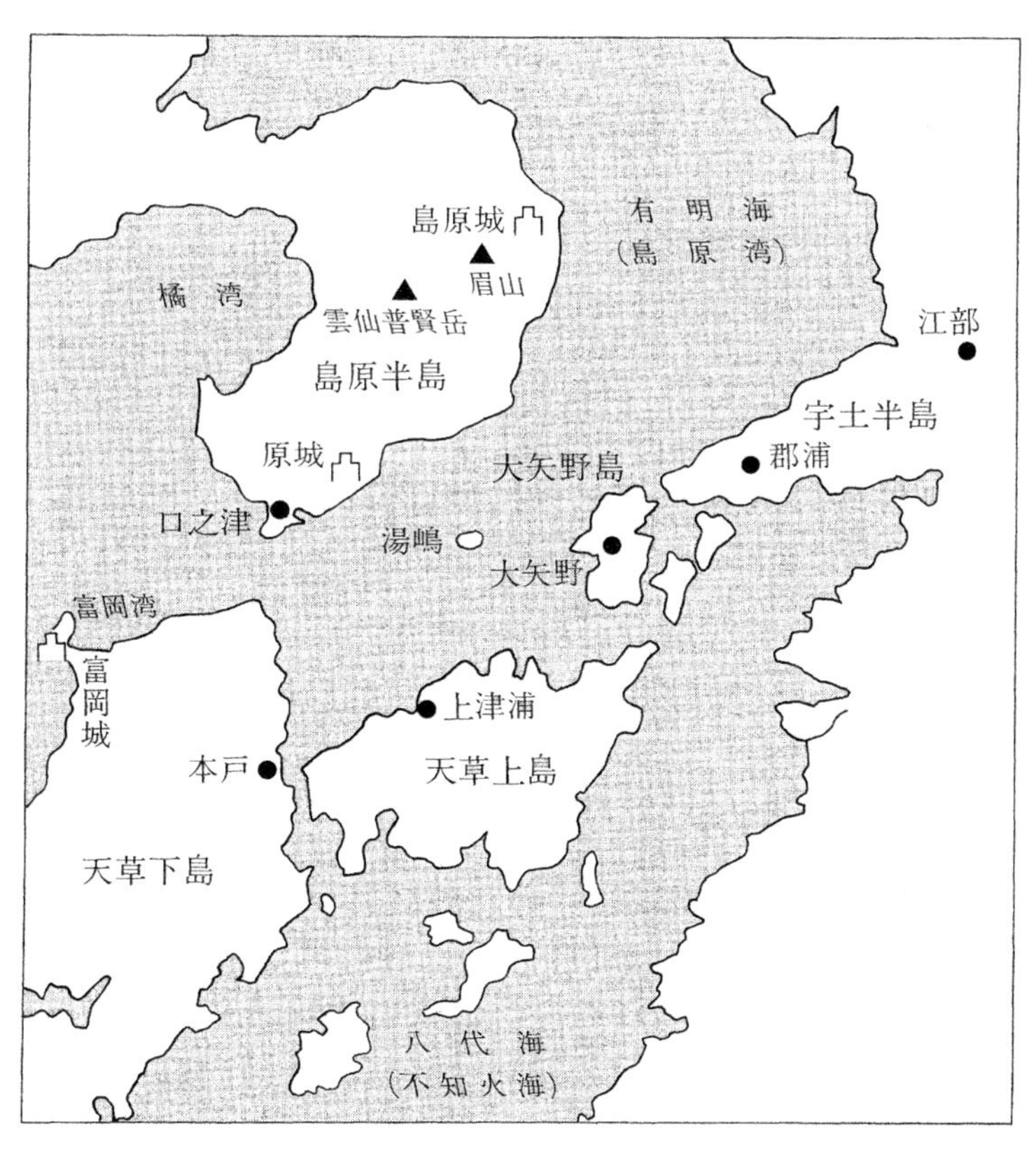

図1　島原天草一揆関連略図

もあって、キリシタンはあぶり出され、多数の殉教者と少なくない数の棄教者を生み出した。もちろん、棄教した者の中には、表面上仏教徒を装いつつ、地下活動としてキリシタン信仰を続ける者もいた。島原・天草では、かつての領主が有馬晴信（島原）、天草種元ら天草五人衆、小西行長（以上、天草）、といったキリシタンであったということもあり、多くの百姓がキリシタンとなっていたが、この地域でもキリシタンに対する厳しい弾圧によって、寛永十年（一六三三）頃までには表面上は棄教が完了し、心から棄教できない者は潜伏状態に入っていた。したがって、一揆が起こった寛永十四年の時点では、島原・天草には表向きキリシタンは存在しないという状況であった。

そうしたところ、その年の十月半ば頃に「かつさじゅわん」の署名で、キリシタンの信仰を促す廻文が出回った。そして、小西行長の旧臣益田甚兵衛の子四郎を「天人」として、キリシタンの結集が呼びかけられた。こうして、この四郎の指導のもとに、一度棄教した状態にあったキリシタンが再び「立帰」って、信仰活動を展開していったのである。

このようなキリシタンの活動再開の中、同年十月二十五日、キリシタンに「立帰」った百姓が、島原半島南部の有馬村でキリシタンを取り締まろうとした島原藩の代官を殺害したことを契機に、彼らはついに武力蜂起した。二十七日、一揆勢は島原城下に向かって進撃し、島原城を攻めた。一時は島原城を落とす勢いを持ち、一揆はまたたくまに全藩に広がった。同じ頃、天草でも同じようにキリシタンに「立帰」った百姓たちが蜂起し、島原半島対岸の天草島北目筋（きため）を中心に天草の一揆勢が天草各地をおさえた。

一方、島原の一揆勢は島原城を攻めきれなかったが、四郎とその一部は長崎へ向かった。しかし、唐津（からつ）本藩の援軍が天草に派遣される（天草は唐津藩の飛地であった）情報を得たことにより、長崎行きは取りやめになって、四郎に率いられた島原の一揆勢は天草に渡って天草の一揆勢と合流し、本戸（ほんど）で唐津藩兵と戦闘した。一揆勢は、十一月十四日天草統治の責任者であった富岡城代三宅藤兵衛を敗死させた勢いにのり、富岡城を攻め立てた。しかし、島原城を落城させることができなかったのと同じように、富岡城を落とすことはできず、一揆勢は一時撤退を余儀なくされた。

近隣諸藩は、早くから一揆の発生に気づいていたが、幕府の許可なく支配領域を越えて藩兵を動かしてはならないという幕令にしたがって、援軍を派遣することができなかった。それぞれ個別に一揆の情報を集めながら、自領内の警戒に当たるのがせいぜいであった。

一揆の知らせを受けた江戸の幕閣は幕府軍を編成し、上使として板倉重昌（いたくらしげまさ）を派遣することにした。これにより、佐賀藩・久留米（くるめ）藩・柳川（やながわ）藩の藩兵が島原に、熊本藩の藩兵が天草

図2　板倉重昌の墓（島原市・江東寺所在）

に出兵した。幕府軍派遣の報を受けて一揆から離脱した者も多数出てきたものの、天草対岸の島原南目（みなみめ）の村むらと島原対岸の天草北目の村むらの百姓らは老若男女連れ立って、十二月三日頃までには、当時廃城となっていた島原半島南部の原城に立て籠もった。幕府軍が到着したのは十二月五日頃で、以後、一揆勢と幕府軍との全面対決が展開されていった。

当初幕府はすぐにでも収束できると考えていたようで、板倉重昌の派遣後、ただちに戦後処理のための上使、老中松平（まつだいら）信綱（のぶつな）を派遣した。しかし、三河（みかわ）国深溝（ふこうず）の小領主にすぎない重昌のもとでは幕府軍の足並みがそろわず、一揆勢は徹底抗戦の構えであった。寛永十五年元日の総攻撃では、幕府軍が一揆勢に破れた上、幕府軍上使の重昌自身が討ち死にした。本来戦後処理の上使として派遣された松平信綱は、正月四日に着陣するとただちに幕府軍の総指揮をとることになった。幕府軍の攻撃は信綱の指揮のもと、九州・西国諸藩の藩兵併せて総勢十二万人余で原城を取り囲み、兵粮（ひょうろうぜ）攻めに転換した。落城までの間、幕府軍は、矢文で一揆勢の真意を確かめたり、投降を勧告したりしたが、一揆勢は表面上は動揺を見せず、幕府軍の攻撃によく耐えた。この他、平戸オランダ商館長に命じてオランダ船に砲撃させてみたり、地下道を掘って城内への通路を通そうとしてみたり、鎮圧のためにさまざまな方法が幕府軍によって試された。

一揆勢は幕府軍をおおいに悩ませたが、二月に入ると幕府軍の強力な包囲網により補給路を絶たれ、食糧が尽きた。同月二十七・二十八日幕府軍の総攻撃が行われ、老若男女を問わず一揆勢は多くの者が惨殺された。こうして、四か月にわたって幕藩権力を震撼させた一揆はついに終息した。

矢文に見る一揆勢の意識

矢文の史料批判

一揆勢の痕跡としての矢文

一揆勢の原城籠城中、一揆勢と幕府軍との間で何度か矢文が取り交わされたことがわかっている。ただし、実際に放たれた矢文そのものがほとんど残っておらず、権力側が書き留めた一揆記録などに記載されているものからしか窺うことができない。史料に記録されている矢文は後世に改変されたものではないか、との疑いがどうしても払拭できないため、これまでの研究では、矢文にはもちろん触れるものの副次的にしか扱われず、矢文を正面から取り上げて、一揆勢の意識を分析することは避けられてきたのが現状である。

しかし、被治者の側がみずからの声を残すことが少ないのは当然であって、ましてこの一揆に限らず、「敗者」の側が直接書き残した史料は残らないのが普通であることを考えると、そのわずかな痕跡となる矢文はどうしても検討しておかなければならない史料である。被治者の側のわずかな痕跡から、彼らの意識を復元することが民衆史研究の醍醐味であるから、ここでは十分な史料批判の上で、矢文を検討してみよう。

矛盾する矢文

矢文が扱いにくい史料である理由はまだある。伝えられている矢文を並べてみると、内容が矛盾するのである。一月中旬、幕府上使「松平伊豆守（信綱）」の署名で、「天下ニ恨有レ之哉、又長門（松倉勝家）一分の恨有レ之哉」（七〇七頁）との問いかけが一揆勢に行われた。これに対する回答と思われる一揆勢の矢文には、相反する内容のものが存在する。

まず、「天野四郎」の署名で「松平伊豆守」宛に出されたもの（正月付）では、「天下へ之恨、旁へ之恨、別条無ニ御座一候」として、幕府や諸大名に特別な恨みはないとしながらも、松倉氏からたいへん重い負担を命じられ、厳しい生活を強いられたとし、「責て長門守殿（松倉勝家）へ一通之恨」をはらしたいとある（七一五頁）。これは、松倉氏の苛政こそこの一揆のもっとも大きな原因である、と指摘する矢文である。

これに対して、一月十三日付で「城内」から「御上使衆」に宛てたものでは、国家を望

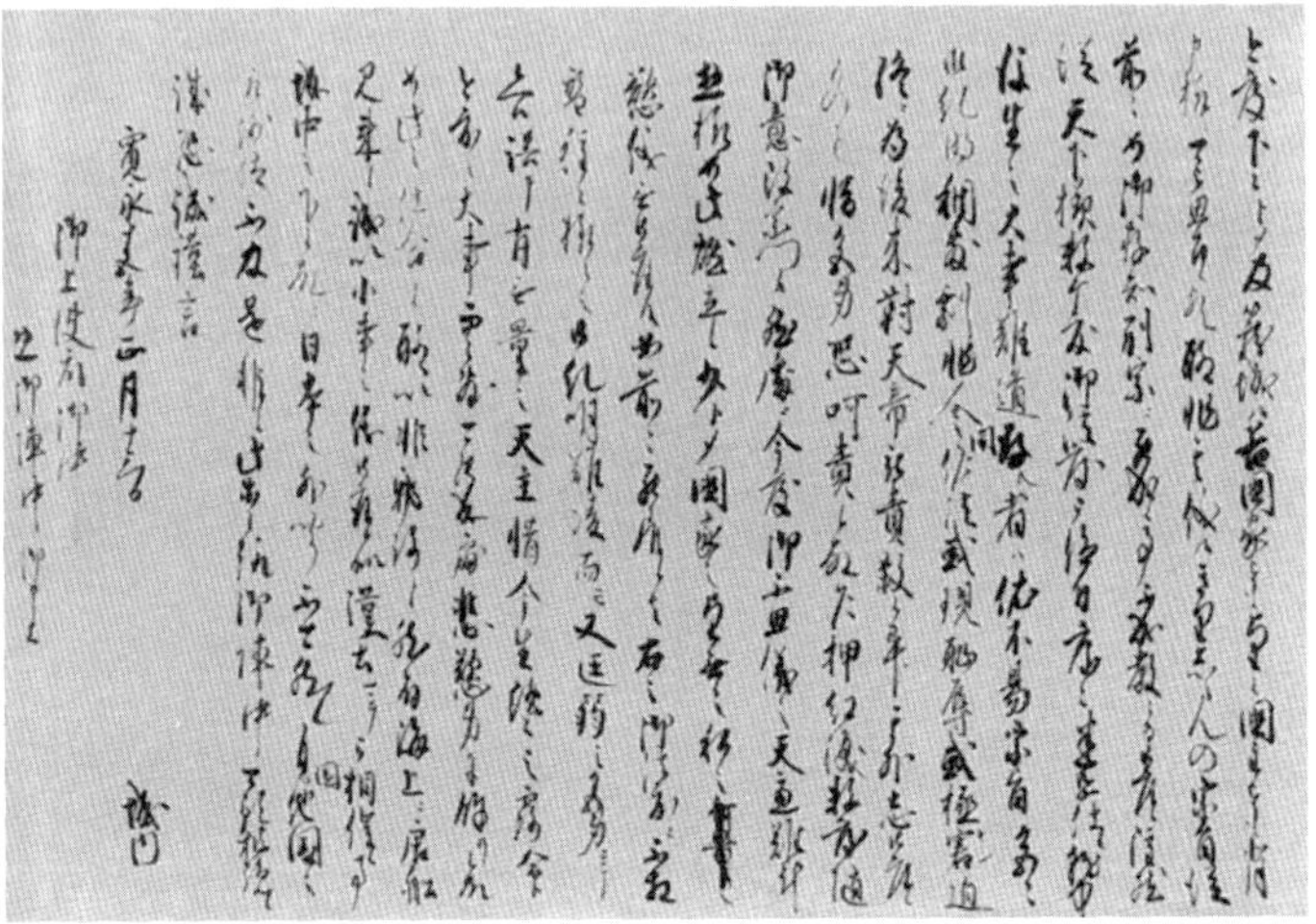

図3　一揆勢の矢文（御上使衆宛、永青文庫所蔵）

んだり、国主に背いたりするつもりはなく、「従二天下様一数ヶ度御法度被二仰付一、度々致二迷惑一候」として、キリシタンを弾圧されたことに対する不満が表明されている（七一四頁）。日付不明の別の矢文でも、国郡を支配しようなどという気は毛頭なく、「宗門に御かまい無二御座一候へハ、存分無レ之候」（七一五頁）とあるように、キリシタンさえ許してくれればそれでよいという。

一月十九日付の細川忠利宛矢文でも、「宗旨ニ御構無二御座一候へハ、何も御恨之事無レ之候」（七五五頁）とあり、キリシタンさえ許してくれれば満足であるから、何の恨みもないとしている。二月二日付のものでも、「対二天下様一御恨可二申上一ニテモ無二御座一候へトモ、吉利支丹宗門堅ク御制禁之故、身体之住スル所モ無二御座一候ニ付而（ついて）、如レ此（かくのごとく）御座候」（八三〇頁）とあり、幕府に対する恨みは何もないが、キリシタンを堅く禁止されたために身の置き場所がなくなって、このような事態になったと主張している。いずれにしても、これらは、キリシタンさえ許してくれれば他に望むものはないとするのであるから、キリシタン禁制という宗教政策こそもっとも大きな問題であると指摘する矢文ということになる。

このように、一揆勢から放たれたものと伝えられる矢文には、相反する内容のものが含まれている。領主に恨みがあるとする矢文の立場に立てば、一揆の原因は領主の苛政ということになるが、キリシタンさえ許してくれればよしとする矢文の立場に立てば、一揆の原因はキリシタン禁制政策ということになる。矛盾する内容の矢文の存在は、何を意味しているのか。

矢文を書き留めた記録

これらの矢文に関することは、実は、幕府軍に従軍していた者が書き留めた記録の中にも散見される。以下にそれらを見よう。

一月十四日付で、熊本藩士堀江勘兵衛が国許（くにもと）に待機している同藩家老長岡（ながおか）監物（けんもつ）らに宛てた書状は、一揆勢からの矢文には、「上様への申分も無二御座一候、松倉殿への申分も無㆓御座㆒候、しうもんの儀ニ付て如㆑此籠居申（こもりおりもうし）候」と書いてあったと伝えている。すなわち、幕府に対しても領主松倉氏に対しても恨みはなく、キリシタンのことでこのような籠城という事態になったのだという。その上で、その矢文には、「あわれニ候ハ、、其儘（そのまま）しゆうもん御立させ被㆑下（くだされ）候へかしと奉㆑存候」（以上、七二四頁）とあって、もしあわれに思うならば、キリシタンを信仰することを許してほしいといっている、と書き留めている。

一月十六日付で熊本藩士小林半三郎が家老長岡監物へ宛てた書状にも、矢文の内容について右とほぼ同じことを伝えている。すなわち、幕府に対して反抗しているわけではなく、また領主に対して申し分があるわけでもなく、「宗門名誉のきどく御座候ニ付、其道を難㆑捨存候処ニ、御誅伐（ちゅうばつ）の儀迷惑仕、如㆑此取籠申候」（七四一～七四二頁）として、キリシタンの不思議な霊験（れいげん）があってその道を捨てがたく、幕府から誅伐されるのは迷惑に思い、このような籠城になった、と一揆勢はいっているという。

これらによれば、一揆勢の矢文の内容はキリシタン禁制を問題にしている方に信憑性がある、ということになる。管見の範囲では、領主の苛政を問題にしている矢文を裏づける幕府軍従軍者の記録を見つけることはできなかった。もちろん、右の史料はいずれも熊本藩士の書状であって、情報の出所は同じ矢文だろうと推測できるので、これだけでは領主の苛政を問題にしている矢文がなかったとは断言できない。しかし、点数からしても、キリシタン禁制を問題にしている矢文の方が明らかに多いし、右に見たようにその矢文の存在を裏づける幕府軍従軍者の記録があることからすれば、少なくともキリシタン禁制を問題にしている矢文の方はその存在が確かめられたということになる。

一揆後に流布した領主苛政の矢文

実際、一揆の全過程を通じて幕藩権力はこれをキリシタン一揆と認識していた。一揆が起こったばかりの十月二十七日付で島原藩の家老が隣藩熊本藩の家老に送った援軍要請のための書状には、「爰許(ここもと)百姓共きりしたん俄(にわか)ニ立あかり」(三六頁)とあって、一揆の最初の段階からキリシタン一揆と認識されていたことがわかる。後ほど改めて指摘するが、権力側のこのような一揆に対する認識は一揆が終息するまで変わらなかった。

しかし、従来の研究がこの一揆の原因に松倉氏・寺沢氏の領主苛政をあげてきたのは、もちろん理由がないわけではない。それは、一揆の原因として領主の苛政を指摘する史料が存在するからである。矢文に注目していえば、領主苛政に恨みがあるとする矢文は一揆後に作成されたと思われる史料に散見される。たとえば、『嶋原一揆松倉記』がそうである。『続々群書類従』四（国書刊行会、一九〇七年）に翻刻されている同史料は、享保十九年（一七三四）に写したものとの記載があるので、それ以前の成立ということになるが、島原藩の事情に詳しい者が一揆後にまとめたと考えられている一揆物語である。その末尾に、本節の冒頭（二一頁）で示した「松平伊豆守」の署名で放たれた幕府軍から一揆勢への問いかけの矢文と、「天（の）四郎」の署名で一揆勢から幕府軍への返答の同じ矢文がセットで掲載されている（『続々群書類従』四、四二八〜四二九頁）。つまり、この『嶋原一揆松倉記』という一揆物語は、幕府への恨みか、領主への恨みか、との幕府軍からの問いかけに対して、領主への恨みだとはっきり一揆勢が返答する矢文を示した上で、「長門守（松倉勝家）領地仕置悪敷故一揆起り、大小大分之人痛ましむる、……寺澤兵庫頭（堅高）ハ、天草一揆起を不届に（将軍徳川家光が）被二思召一」（『続々群書類従』四、四二二頁）として、一揆の原因は領主の苛政であることを強調しているのである。

右の、領主の苛政に恨みがあるとする矢文は、近世人にとってよく知られていたものだったと思われる。というのは、寺子屋の手本としても使われていた形跡があるからである。「嶌原状」というのがそれで、石川松太郎監修『往来物大系』四六巻（大空社、一九九三年）には書写年不明の、その印影が掲載されている。残念ながら、その頻度・使用分布については不詳であるが、大きな字の体裁は明らかに手習い用の手本である。

責任を転嫁される松倉・寺沢

幕藩権力の認識としては、一揆の最中は一貫してキリシタン一揆であった。にもかかわらず、一揆後の記録では、領主の苛政を原因とするものが多く見られる。それはなぜだろうか。詳しい検討は、後に譲るが、表向き幕藩権力の認識が一揆後に転換したことは明らかである。松倉勝家に死罪を命じたことを記す『江戸幕府日記』寛永十五年七月十九日の項では、「常々不作法も数多依レ有レ之」（一〇九一頁）とある。

また、諸大名の改易・減封を十九世紀初期にまとめた記録『廃絶録』には、松倉勝家について、「政道柔弱なるが故其罪死に当れり」とした上で、「日頃封地の政道宜からず、土民困窮に及び一揆蜂起せしむる」と指摘されている。寺沢堅高についても同じく「政道柔弱」（以上、藤野保校訂『恩栄録・廃絶録』近藤出版社、一九七〇年、二五六〜二五七頁）との指摘である。

これらの事実をふまえると、幕藩権力のこの一揆の原因に対する認識は、最初はキリシタン禁制への不満であったのが、一揆後、領主苛政への不満へと転換したように見える。そこに何らかの作為がはたらいていたとすれば、すべてを領主松倉氏・寺沢氏の責任に帰して後始末したということだろうか。このように考えると、やはりこの一揆の本質はキリシタン一揆で、領主の苛政はまったくなかったとはいえないものの、むしろ副次的な要素が強く、一揆の責任をすべて領主苛政に転嫁するための意図的なものであったということなる。

領主苛政を糾弾する矢文は偽文書か？

そうすると、領主の苛政を指摘して、それに恨みがあるとした矢文は、一揆の原因を領主苛政にすべて押し付けるため、後に誰かが意図的に作成したものであったと考えるべきだろうか。ますます、この一揆はキリシタン一揆であったという主張を補強することになる。確かにここで考察をやめるとそういうことになりそうであるが、筆者はこれではまだ納得していない。

『壺井家文書』の矢文

実は、同じ趣旨の矢文が他にも存在する。讃岐国小豆島の『壺井家文書』から発見されたものがそれである。先に指摘した領主に恨みがあるとする矢文と趣旨はまったく同じであるが、こちらの方がはるかに長文である。この矢文はつとに、朝尾直弘氏の通史『日

図4　一揆勢の矢文（『壺井家文書』、壺井久子所蔵）

本の歴史17 鎖国』（小学館、一九七五年、三一〇頁）で言及されたり、NHKの番組『堂々日本史』の「島原の乱—矢文が明かす真相」（一九九六年十一月十九日放送）で取り上げられたりしてきた。重要な史料なので、煩雑になるのを厭わず全文を紹介しよう。なお、以下は、この史料を発見して初めて世に紹介した川野正雄氏の翻刻（「島原一揆の矢文」『日本歴史』二六四、一九七〇年、後、川野『瀬戸内 小豆島』名著出版、一九八七年、五六〜五九頁に所収）を参考に、筆者が原文書を直接検討したものである。一、二箇所、川野氏の翻刻と違っているところもあるが、文意は変わらない。なお、注目すべき箇所に傍線を引き、それぞれ（ア）〜（キ）の記号をつけた。

態（わざと）一筆申入候、仍而（よって）御当家代々御静謐（ごせいひつ）之儀、天下之諸人悦不レ可レ過レ之（よろこびこれにすぐるべからず）候、下万民ニ至迄、御代万歳とあをき候処ニ、加様のわさわい出来（しゅったい）候事、各胸中令レ察候、定而（さだめて）今度のしいしゅ委御存有間敷候間、一揆の者とも申分あらまし書進候、御陣中の御□（なぐさみカ）ニ御覧可有候事、

（ア）元来松倉豊後守（重政）殿来島以来数ケ年、御拝領之内みたりかわしきしよけふ（所行）取故也、乱し（乱擾カ、）やう（濫觴カ）ハほうしうし（？）よニ申より此方、三ケ年一度つゝ横目（よこめ）・奉行・代官をかへ、私の御検地、太閤以来代々御赦免寺私領、ミやうしう（名主）以下のちかた（地方）迄あふれうしられ、御領（横領）（イ）地四万石之処すへて十二万石余之御所務、数年かうめん（高免）一りう（粒）としよちなき（処置カ）米をめし上けらるゝのミならす、其上種々のくわやく（課役）を相かけられ、とかなき（咎）ものとも縄をかけ、目口鼻より血を出し、きやうたう（狂濤）はたう（波濤）のやうに打擲（ちょうちゃく）せられ候故、当座のくけ（苦）ん（艱）をのかれんかために、すしなき（筋）事を申上候を、御しやういん（承引）ニて、首銭過領（過料）なとゝて、金銀米銭ハ不レ及レ申ニ、家財衣装の類迄はき取、種々もふあく（猛悪）、誠にあほう（阿保カ）らせ（羅）つ（刹）のかしやく（呵責）、前代未聞の御ほうくわい（法外）是有といへとも、上様へ奉レ対其色をあらわさす、在々所々の人民、随分馳走をはけますの処に、いく程しよきやう（所行）、其後、（ウ）御国替をも被二仰付一へきかと風聞候処、不二相替一長州（松倉勝家）御拝領、弥々（いよいよ）以長門世にもなり候

ハ、、父(松倉重政)の無情をほとこしいるかせ(忽せ)にも可レ成かと、諸民内ニは喜悦の思をなし、外ニハ長州安全と拝ミし奉所ニ、思の外ニもうふゝり(猛夫ぶりカ)、猶以しゅんろ(順路)の御分別なく、万民にたいし、くわ役(課役)以下迄実にもとしのぶ(忍ぶ)躰ニ罷成、令二迷惑一候処ニ、去年日やけ近国ニ無レ隠、数年のつかれ(疲れ)彼是以かしに(仮死)及躰ニ罷成候条、江戸迄相詰、種々そしやう(訴訟)申上候へ共、一つも叶たまわす、あまつさへ喩ニ無レ是かうめん(高免)を被二仰付一候条、うんふん(鬱憤)を指挟(さしはさみ)一命ををします一揆同心せしめはよし、将又(はたまた)去年にて御座候哉、上意として日本中きりしたん御法度御座候ニ、御内の者をはなこめ(和め)をかれ、如レ我のふせう(不肖)のやからは、かたくせいきん(制禁)せられ候、誠ニ(エ)我国の法を捨、異国の衆旨(宗旨)と罷成候事も、ほうしう(放縦)ニ所務以下きひしくむさほり被レ取候ニよつて、爰ニ吉利支丹のしうてい(宗躰)ハ、富ハあやうきをすくい、まとしき(貧しき)人ハふちかた(扶持方)を出すよし承候て、あすミの(身の)きてう(貴重カ)をかんかへす、当日のミ、命をつゝか(続)んかために十ケ年以前ゟ罷成候条、忝(かたじけなく)も普天下ニ乍レ有、我国の神をいはい(違背)申、いかんとして八異国の神を引入可レ申哉、其故上意なれは永代ころひ申事まきれなく候、然ニ長州わうちやく(横着)の者たるといへともかゝるゑんと(遠途カ)の津を守護し給事、偏ニ御当家御せい謐すいの御仕置たる故也、いわんやもふふ(猛夫カ)諸民無レ情事、けらいの人にけんもん(検問)たる之条、少遊免(宥免カ)あらは何之不

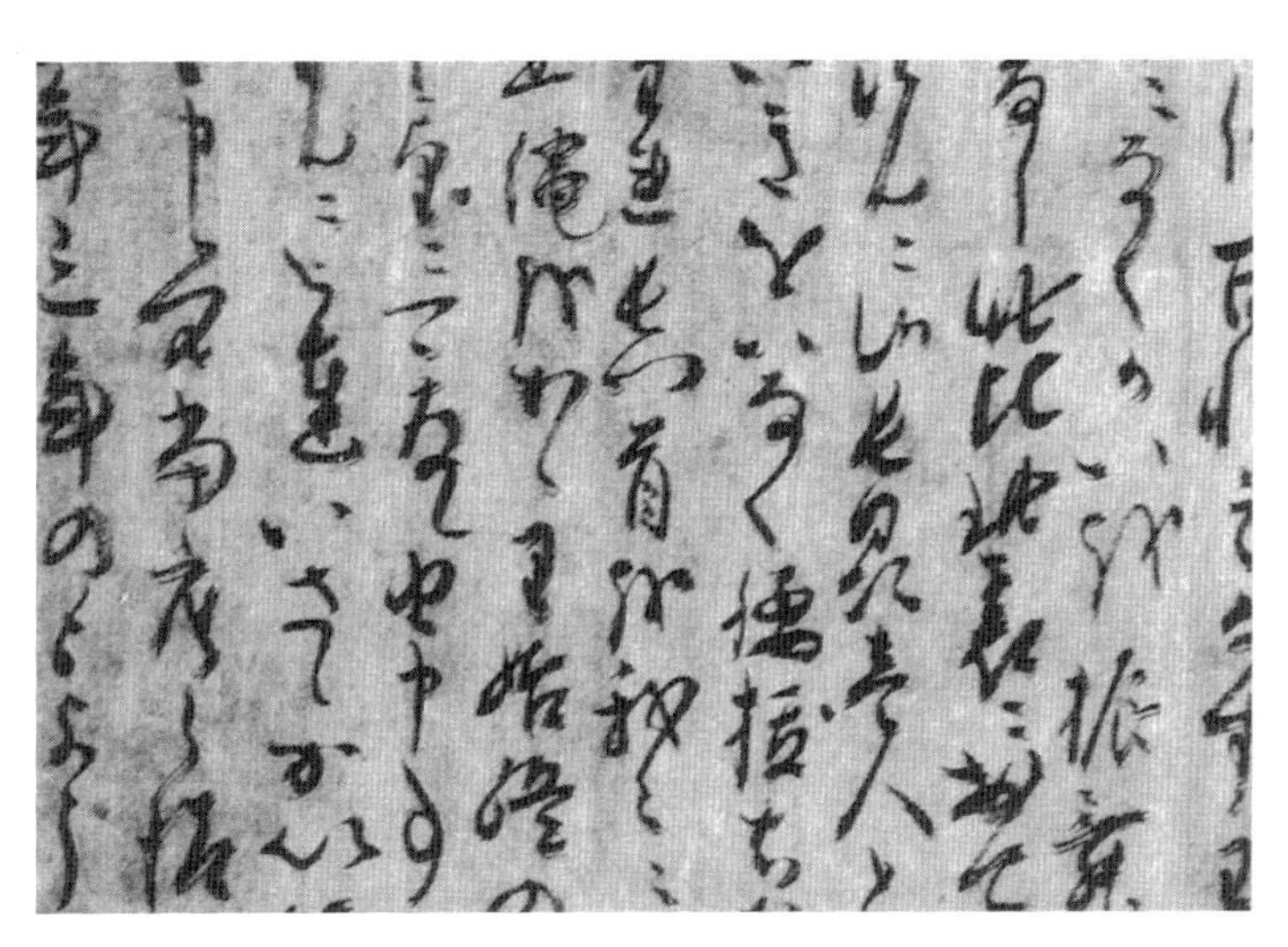

図5　一揆勢の矢文（「長門首を我々ニ」と見える、同前）

足有之とも勘忍可レ仕処ニ、種々ほう（妨）くわい（害）のミならす、あつさ（あまつさへ）はたさる（果たざる）へ（べ）き（催）もようし（し）、是非なき仕合にて、俄ニきうせん（弓箭）ニかゝり、きうせん（弓箭）ニ及、併（しかしながら）百姓之なすわさ（業）にあらす、是長州しゆんろ（順路）ニなく、かい（我意）を振舞ニよつて、今天下相当（騒動カ）の様ニ聞なし、此比（頃）此表ニ於て、無レ故各々うたれ給事ふひ（不憫）ん（憫）ニ候、長州壱人と心かけ候（オ）へ共、民をむさふる（貪る）程のいきをいなく、腰抜ちかつき不レ給、無レ拠仕合ニて候、あわれ長門首を我々ニ見せ被レ下候ハヽ、城中人民共ニ悉縄をかゝり、始終の事とも申上け死罪ニ行れ本望ニ可レ存候由申事、右之趣乍レ恐上様奉レ対しやう（上）

もん（聞）ニ被レ達、いさゝか以二緩怠なき趣一被二仰聞一可レ被レ下由申候へ共、当座の様ニ申候へとも、城中之躰を五年三年のもよう（催）をし（し）にてはなく候、思儘拵置申候間、今よせ（寄せ）て（手）の分ニては日本中の者ともは皆打ほたれ可レ申候間、急度（きつと）大軍を以御せめ可レ有候、（カ）来月の末にも成候ハヽ、異国の者とも大船数船艘ニて取入候様ニ承候、か様のちうし（注）ん（進）申儀、一命かへりみ候様ニ方々思食候ハんつれ共、御当家たいせつニ存者にて候へは、不レ残仕合にて敵と成レ罷、然共各々ひいき（贔屓）ニ存候故（キ）一揆の奴原をんみつ（隠密）にて、此矢ふミ内証ニて申入候、其名者果て後、隠有間敷候、

「長門首を我々ニ見せ被レ下」

この矢文では、一揆の原因はずばり領主松倉重政（まつくらしげまさ）・勝家（かついえ）二代にわたる苛政にあると断言している。矢文の冒頭、傍線部（ア）で松倉重政の「みたりかわしきしよけふ（所行）」を批判した上で、傍線部（イ）にあるように、松倉氏は四万石のところを十二万石分の「所務（しょむ）」を務めるため、領民に対して「種々のくわやく（課役）を相かけられ、とか（咎）なきものとも縄をかけ、目口鼻より血を出し、きや（狂）うたう（濤）はたう（波濤）のやうに打擲（ちょうちゃく）せられ候」というのである。

傍線部（ウ）によれば、松倉重政の死後、松倉氏は国替えになるのではないかとの風聞もあったが、重政の子勝家がそのまま領主となり、領民は勝家が父重政の無情を覆して苛

図６　松倉重政の墓（島原市・江東寺所在）

政が緩むことを期待したという。しかし、思いのほか勝家の治世も「くわ役（課役）以下迄実にもとしのぶ（忍ぶ）躰ニ罷成」るもので、領民にとってたいへんな迷惑であった。数年の日照りで疲弊状況が厳しいので、江戸在府の領主にまで訴えに行ったが取り上げてもらえず、これまでも例にない高免を命じられたので、「うんふん（鬱憤）を指挟一命ををします一揆同心せしめ」てこのような事態になったのだという。

こうした松倉氏の苛政を前提に、傍線部（オ）において強い口調で松倉勝家への恨みが表明されている。これによれば、勝家一人を討ちたいが、勝家は領民を苦しめてきた勢いもなく腰抜けで一揆勢に近づいてこないから、「あわれ長門首を我々ニ見せ被レ下候ハヽ、城中人民共ニ悉縄をかゝり、始終の事とも申上け死罪ニ行れ本望ニ可レ存候」と述べ、ぜひ勝家の首を一揆勢に示してほしい、そうすれば籠城を解いて縄にかかってもよい、死罪になるのも本望である、というのである。

『壺井家文書』から矢文が発見された経緯

この矢文の領主松倉氏に対する憎悪は底知れぬものがあるが、問題はこれが本当に一揆勢から放たれた本物の矢文かどうかである。結論を先にいえば、筆者は本物だと思う。理由は二つある。

一つは筆遣いなどを含めた、現物の史料自身が持つ迫力である。筆者が小豆島を訪れ、実際の現物を見てきた感想をいえば、ところどころ虫食いがあるばかりでなく、ひらがなを多用している筆遣いはかなり難解であるが、そのようなたどたどしさが緊迫した戦場の雰囲気を物語っているように思う。

そして、史料発見の経緯も矢文が本物であることを示しているように思われる。この史料は、小豆島の坂手村年寄だった壺井家の文書の中から偶然発見されたものである。筆者は、実際の現物を見せていただきながら、史料所蔵者の壺井久子さんにこの矢文発見のいきさつを伺った。壺井さんによれば、一九六〇年代お宅の改築の際、蔵に保管されていた柳行李いっぱいの文書について、かねてから江戸時代に村役人を務めていた壺井家の文書に注目していた、郷土史家で香川県史編纂委員の川野正雄氏に調査を依頼したところ、その史料群の中にこの矢文があったという。発見者の川野氏自身、「なぜこのようなものがこの島に保存されていたのか」と不思議に思ったとされているが、小豆島の別の村役人、土庄村庄屋笠井家の文書にあった別の史料を根拠に、川野氏は次のように推測している。

寛永十四年（一六三七）十一月に幕府領小豆島の当該期の代官小堀遠州から小豆島庄屋中に対して、「九州松倉長門守領分之百姓、切支丹宗旨の者共集一揆」を起こしたので、「上使被遣儀も」あるので、「島中船とも他所へ不参候様ニ」申し付けられ、禁足令が命じられた。次いで、十二月三日付、遠州の家老小堀権左衛門の署名で、小豆島庄屋年寄中・塩飽島年寄船持中に対して、九州「御仕置」のため、松平信綱・戸田氏鉄の御用船として小豆島船十艘を大坂へ廻送するように命じられた。別の史料に「肥前国天草一揆之節、御上使様御下向ニ付、船四拾弐艘水主共指出御用相勤候」とあるので、さらに追加されて水主ともに都合四十二艘が小豆島から徴用され、原城に派遣された。こうした事実から、この矢文は、幕府上使の御用船として徴用された小豆島船団の水主の一人が手に入れ、壺井家に寄託したものか、あるいは、御用船の総差配として従軍した壺井氏が直接手に入れたか、というのが川野氏の推測である（以上、川野前掲書五三〜五五頁）。

もちろん、これを裏づける史料は他にないので、この問題について川野氏の見解が正しいと断定することは困難である。しかし、小豆島の島民が幕府軍に従軍した事実は間違いなく、一揆勢の痕跡を持ち帰っても不思議ではない。地方（じかた）文書である『壺井家文書』の中にこの矢文が紛れ込んでいたのを、調査にあたった川野氏が偶然発見したという経緯からすれば、誰かが意図的にこの文書を創作したとは考えにくい。もしこれが本物の矢文でなく、後世に誰かが創作したものであるとすれば、逆にその意図が問われることになる。

藩政文書や幕府文書など治者の側の史料群から発見されたものだとすると、すべて領主苛政の責任にしてしまうために創作されたという推測も可能かもしれない。しかし、被治者の側の史料群から発見された経緯からすれば、これが本物の矢文でなぜ『壺井家文書』に紛れていたのかを推測するよりも、これが偽物の矢文でなぜ『壺井家文書』に紛れていたのかを推測する方がむつかしい。一揆後、「亡所」となった島原半島に小豆島から入植が奨励されたという事実が、この矢文の存在に何らかの関係があるとの推測もあり得るが、仮にそうであったとしても、それがどんな意味があるのか説明しづらい。いずれにせよ、このような長文の手紙をわざわざ偽造する意図を推し量ることは困難である。

壺井さんのお宅では、この矢文は被治者の側から歴史を考える重要な史料であるとし、特別に表具して床の間に飾るなどして大事に扱われている。そのため史料を手にとって紙の質まで確かめることはできなかったが、見た感じでは、通常地方文書で使用されるような薄い紙であることは確かで、ひらがなを多用するたどたどしい筆遣いは緊迫した戦場の百姓が書いたもの、という印象である。

一揆勢は一枚岩だったか？

この矢文を本物であると考える第二の根拠は、内容に整合性があるということである。信憑性のある矢文は、キリシタン禁制の不満を表明する矢文の方であったから、領主苛政の不満を表明するこの矢文にはむしろ整合性はないのではないか、と思われるかもしれない。確かに一揆勢が一枚岩で、すべて同じ目的を持って一揆に参加したということならば、正反対の内容を持つ矢文を並べてどちらが本心か、と問うことは意味があるだろう。しかし、単純に考えて三万人以上の人びとがすべて同じ心情で一揆に参加した、などということがあるだろうか。まったく同一と考える方が不自然なのではないか。一揆勢が一枚岩であるという前提をはずして考えてみると、この矢文はむしろそうでないことを示しているという意味で整合性がある。

矢文の傍線部（エ）と（キ）がその根拠である。傍線部（エ）では、キリシタンに入信した理由について、「ほうしう（放縦）ニ所務以下きひしくむさほり被」取候ニよつて、爰（ここ）ニ吉利支丹のしうてい（宗躰）ハ、富ハあやうきをすくい、まとしき（貧しき）人ハふちかた（扶持方）を出すよし承候」と述べ、松倉氏の厳しい取り立てに対して、キリシタンは貧しい者に融通してくれることをあげている。

そこで思い浮かぶのが、キリシタンの平信徒の組織コンフラリアである。このコンフラリアこそ、島原天草一揆の組織的基盤であるとの見方がある。中村質氏は、小農自立を前提とした近世村落が未確立な段階における在地構造とキリシタンのコンフラリアとの一体性に着目し、コンフラリアが一揆に果たした役割を重く見た（「島原の乱と鎖国」『岩波講座日本歴史9　近世1』岩波書店、一九七五年、後、『近世長崎貿易史の研究』吉川弘文館、一九八八年に所収）。近年では大石一久氏が、万治元年（一六五八）に大村藩領で起こった郡崩れと呼ばれる潜伏キリシタン露顕事件と比較しながら、コンフラリアが十分機能していた一六三〇年代ではこのような一揆という形の運動が可能であったが、五〇年代ではその機能が弱体化していたため、郡崩れでは一揆は起こせなかったと指摘している（二〇〇七年二月二十四日開催の大村市郷土史講演会における講演「天正少年使節から島原の乱へ」、総合テーマ「禁教の中で―天正少年使節、島原の乱そして郡崩れ」大村史談会・大村市教育委員会主催）。

そのコンフラリアの重要な役割の一つに、「組親は組貧しき者及び困窮せる者に慈悲物を与へてその困苦を援くるやう世話すべし」（ヨゼフ・シュッテ〈柳谷武夫訳〉「二つの古文書に現はれたる日本初期キリシタン時代に於ける『さんたまりやの御組』の組織に就いて」『キリシタン研究』二、東京堂、一九四四年）などとあるように、融通機能があるのが確認できる。これは右の矢文の文言を裏づける。傍線部（エ）によれば、その日の命をつなぐために「我国の神」に背き、十年以上前から「異国の神を引入」れたのだという。したがって、生活が立ちゆくことが保障されればキリシタンに執着しないとし、将軍の命令ならば「ころひ（転び＝キリシタンを棄教する）」となってもかまわないというのである。

これが一揆勢の主流派でないことは、傍線部（キ）に「一揆の奴原をんみつ（隠密）にて、此矢ふミ内証ニて申入候」とあるように、一揆の仲間に秘密にこの矢文を放ったとあることからわかる。この書き手はキリシタン信仰という点ではあまり熱心な信者ではないようだ。したがって、キリシタンを紐帯に一揆が構成されていたことは間違いないが、信仰への熱意という点ではすべて同じというわけでなく、個別性があったということだろう。一揆勢の心情の多様性を表しているという点で、この矢文は信憑性が高い。

だとすれば、この章の冒頭で検討した矢文（二一頁）にもどると、領主苛政に恨みがあるとした矢文についても、それがそのまま放たれた矢文そのものでないとしても、その内容までもすべて否定できないということになるのではないか。領主苛政を問題とする矢文が完全な後世の創作物というのではなく、その根拠はあったと考えるべきだろう。この一揆がキリシタン一揆であるというのは、一揆を起こした主流派も、一揆が終息するまでの幕藩権力も共通の認識であったことは確かだが、一揆に参加した者の中には領主苛政への恨みを第一義として参加した者もいたということである。

領主苛政の実態

次に問題になるのは、領主苛政の実態はどのようなものであったか、ということだろうが、実はそれを史料を提示しながら証明するのはむつかしい。それを示すには一次史料に乏しいからである。それでも、確かに苛政といわれるほどの悪政であった痕跡はいくつもある。

一揆が起こってまもなくの十月三十日付で、佐賀藩家老多久茂辰(たくしげとき)が同藩江戸藩邸へ送った書状では、「右の起りは彼地二三年耕作損毛仕候故、未進なと過分ニ御座候を、催促稠(きび)敷(しく)御座候ニ付て、兎角継命難レ成候」とあり、一揆が起こった原因はここ二・三年耕作損耗のため年貢未進が過分にあるところへ催促が厳しく、生活が成り立たなくなったからであると伝えている。続けて、「一篇きりしたん宗ニ罷成、従二公儀一為二御改一御検者衆も御座候得は、其次而を以御詫言可二申上一積ニて候とも申候」（以上、七三頁）とあり、いったんキリシタンになれば幕府から改めの使者が遣わされるだろうから、そのときに一揆勢は領主の苛政を訴えるつもりでいるという。

また、十一月六日付で熊本藩士佐方少左衛門が同藩家老へ送った書状では、「嶋原御領分ハ七年此方の古未進御才足、其外上方へ米三百石参候船破損仕分をも出候へと被二仰付一」とあって、島原藩ではここ七年ほどの未進分の催促が厳しく行われた上、上方へ送る三百石の米を積んだ船が破損した分も百姓が負担しなければならなかったという。この書状は続けて、納入を督促するため、納めることのできない者に対して、家族内の女子に水攻めの拷問をかけたりしたことなどが一揆の原因であると伝えている（以上、一三八頁）。

鶴田文史（八洲成）氏によれば、島原・天草の百姓がいきなり武力蜂起したのではなく、その前提にたび重なる彼らによる借米訴訟があったのではないかという（前掲『西海の乱』上巻）。鶴田氏が根拠とした史料は『四郎乱物語』という後世に成立した一揆物語であったが、『壺井家文書』の矢文の傍線部（ウ）の後半部分がその事実を裏づける。借米訴訟が受け入れられなかったから蜂起にいたったとすれば、松倉・寺沢の治世に対する不満がその背景にあったと確かにいえるだろう。

同時代の外国人が書き留めた史料にも領主苛政を示す痕跡はある。当該期、キリシタンに協力した罪で大村牢に収監されていたポルトガル人ドアルテ・コレアが、獄中で集めた情報をまとめた報告書がそれである。

コレアは、「長崎の奉行は叛乱の原因を調査し、それが有馬の地の領主である奉行長門守（松倉長門守勝家）の苛酷をきわめた虐政によるものであることを見出した」とした上で、松倉勝家の苛政がどんなにひどいものであったのか詳細に紹介し、「長門殿の奉行や役人たちが、このような傲慢、暴虐によって農民に圧制を加えたことが原因となって、その領主に対する蜂起、叛乱となったのであって、キリスト教徒によるものではない。ところが、殿の重臣たちは、これをキリスト教徒が蜂起したものと言明して、その虐政を蔽い隠し、日本国中の領主たちと皇帝に対して面目を失わないように図ったのであった」とする。天草についても、「ちょうどそれと前後して、天草のある村々でも暴動が起った。ある者は、それがキリスト教徒によるものだと言い、またある者は、有馬の殿の日頃の暴虐と同様の虐政によるものだと言っている」とし、「彼等はキリスト教徒であるが、租税のために蜂起したのだと言っていた」という。こうして、「この叛乱の原因が苛税によるものであるということが明かにされた」とまとめ、「長門は宮廷に呼出され、屋敷ならびに家財一切を没収された上、斬首の刑を宣告された」（以上、『長崎県史 史料編第三』吉川弘文館、一九六六年、二二五〜二三二頁）とする。

また、当該期の平戸（ひらど）オランダ商館長であったニコラス・クーケッバケルの十一月一日付の日記にも、領民に対して「さまざまな税を課し、不可能な程多量の米を取上げた」とか、「領民には取れる限りの税を課し、彼等は殆ど餓死寸前で、僅かに木の根、草の根で生命を保っていた。そして彼（松倉勝家）の奉行には、父（松倉重政）が常に行っていた苛酷な刑罰で脅す様命令し、これを行わせた」（以上、七七頁）などの記述がある。

右のコレアやクーケバッケルが書き留めた記録は自身で確認したことではなく、すべて伝聞によるものである。特にコレアは宣教師ではないが、キリシタンに協力的なポルトガル人であるから、ここにはキリシタンを擁護する立場からの主観的な見解が含まれている。したがって、一次史料としては確かに弱い。しかし、先の佐賀藩家老や熊本藩士の書状で言及されていた領主苛政も伝聞であることから考えれば、コレアやクーケバッケルが指摘する当該期島原・天草の苛政は、この地域ではよく知られていたことであったものと思われる。このことは、松倉氏の苛政を告発し、それに恨みがあると明言した矢文とも一致する。

しかし、幕府の命令で従軍したとはいえ、一揆勢の本心が書いてあるかもしれない矢文を幕府軍に従軍した一百姓が密かに持ち帰る、などということが本当に可能だったのか、という疑問は残る。幕府軍の間でこの『壺井家文書』の矢文が表立って話題になった形跡はない。先に見たように管見の範囲では、従軍した兵士の書状・記録で、領主に恨みがあるとする矢文を話題にしたものはなく、もっぱらキリシタン禁制が問題だとする矢文の話題ばかりであった。幕府上使の御用船として徴用された水主が、幕府軍の指揮をとった松平信綱に知らせないで持ち帰るなどということが実際あったかどうか、確かに疑問がないわけではない。

松平信綱は知っていた

この矢文が本物ならば、松平信綱が知らなかったはずはない。そこで、この矢文の検討の最後に、傍線部（カ）に注目したい。ここでは、「来月の末にも成候ハヽ、異国の者とも大船数船艘ニて取入候様ニ承候」とあって、来月になれば「異国の者」が大船団でやってきて一揆に加勢してくれると聞いている、といっている。

これに関連して、近年、服部英雄氏はこの一揆をめぐる対立軸として、幕府とオランダ、一揆とポルトガル、の軍事同盟の可能性を指摘し、一揆勢が原城に籠城したのもマカオからのポルトガルの援軍を待っていたのではないかと論じている（「原城発掘」荒野泰典編

『日本の時代史14 江戸幕府と東アジア』吉川弘文館、二〇〇三年）。その根拠は、一月中旬松平信綱がオランダ商館長ニコラス・クーケバッケルに対し、大砲を積んだオランダ船を島原に回航させ、原城へ向けて砲撃するよう命令したことの理由である。

このオランダ船による砲撃については、幕府軍からも一揆勢からも、この件を収めるのに外国勢力に頼ろうとするのは恥辱ではないかとの声があがったが、そのような批判に対して信綱は熊本藩主細川忠利に次のように答えたという。オランダ船を呼び寄せたのは、「一揆共南蛮国と申合せ、追付南蛮より加勢指越候」などと一揆の指導者が一揆参加者を欺いているので、「異国人に申付、鉄炮打せ候ハ、南蛮国さへあのことき とて、城内の百姓とも宗旨の霊言を合点可レ仕かと存付」（以上、「綿考輯録」巻四十四、一月二十六日頃の項、『綿考輯録』五巻、汲古書院、一九九〇年、四〇九頁）として、同じ南蛮勢力であるオランダ人に砲撃させればキリシタンの霊験の限界を知るだろう、というのである。

ポルトガルの援軍がやってくるというのが、どれほど現実味のあることだったのかは不明とせざるをえないが、一揆勢がポルトガルの援軍を待っているというのを信綱がどうして知っていたのか、というのがここでは問題である。服部氏はその根拠について特に言及していないが、先の矢文の傍線部（カ）しか思い当たる情報はない。この矢文が実際に一揆勢から放たれたもので、信綱が目にしていたとすればすべてつじつまが合う。そうだとすれば、この矢文が放たれたのが一月中旬〜下旬だということも確定できる。

信綱はこの矢文の存在を知っていて、あえて幕府軍には公にしなかったのではないか。先に指摘したように、幕藩権力は一揆が終結して時間を経るにしたがって、キリシタン禁制への不満から領主苛政への不満へと、この一揆の原因の認識を大きく転換させていた。それは初めからそのように意図していたのではなく、幕府の側がそうせざるを得ない状況に迫られたからである。この点については、後の「島原天草一揆の終わり方」の章で論じようと思うが、信綱としてはこの一揆をキリシタン一揆で終わらせたかった形跡がある。信綱にとって領主苛政を強調するこの矢文の存在はむしろ邪魔となる。しかし、信綱の意図は結局貫徹されず、キリシタン一揆として終結させることができなかった。そこで、後に領主苛政への不満が強調されるようになっていくことになる。ここでは、信綱がこの矢文の存在を他には意図的に知らせなかったのではないかと考えておきたい。

一揆勢の要求

一揆勢の要求はキリシタン問題だけに限定できない、というのがここでの結論である。矛盾する複数の矢文が存在するのは、どちらか一方が真実で、もう一方が虚構であるというのでなく、どちらも一揆勢の心情を伝えている。矛盾する史料の存在自体、一揆参加者の多様性を示している、と考えた方が実態に近いと筆者は考える。キリシタン禁制への不満と、領主苛政への不満とは、両者とも一揆参加者の重要な動機であったということである。

島原天草一揆における女性

挙家型の行動様式と女性の主体性

女性に注目するということ

前章では、一揆勢が放った矢文（やぶみ）を材料に、一揆参加者が一枚岩でなかった可能性について指摘した。本章ではこの点に留意しつつ、一揆における女性に注目したい。というのは、近年、生物的性差とは別のもう一つの性差である、社会的・文化的性差（ジェンダー）の視点の重要性が指摘されているというのは当然のこととして、この一揆は民衆運動史上、多数の女性が関わっていたという点で特異な位置を占めているからである。

十七世紀後期以降、日本列島各地で展開する百姓一揆に、女性が参加することは原則的にはなかった。百姓一揆は、小農自立と呼ばれる現象によって実現した百姓の「イエ」の成立を前提に、経営単位としての「イエ」を代表して成人男性が参加する運動だからである。島原天草一揆が起こった十七世紀前期はいまだ小農自立が実現しているとはいえず、経営維持という点で百姓をめぐる環境は不安定な状況にあった。

島原天草一揆の起こり方が、十七世紀後期以降の百姓一揆のそれと基本的に違うのは明らかである。民衆運動史において、島原天草一揆はいかなる段階の運動として位置づけられるか。ジェンダーの視点から新しい論点が期待できないだろうか、との目論見もある。一揆における女性に注目して一揆の性格を論じてみたい。

女性をともなう挙家型の行動

島原天草一揆における人びとの動向でまず注目されることは、一揆に参加するにせよ、しないにせよ、ほとんどが女性をともなう挙家型の行動をとっていることである。

一揆参加者の場合、たとえば天草の様子について、十二月二日付で熊本藩宇土郡奉行らが同藩士に宛てた書状の中で、「大矢野・上津浦（以上、天草の村名）ノ切支丹の分、不残嶋原（原城）へ妻子共ニ引越申候由」（四四一頁）とあるように、一揆参加者は妻子をともなって原城に入城していたことがわかる。

一揆不参加者の場合でも、挙家型の行動は共通している。十一月一日付で島原藩家老が同藩江戸藩邸に送った書状の中に、次のようにある。島原半島南目（南部）の「三会村ヨリ千々石村マテ」の十三か村は、「切支丹ニ立帰」ったが、その内の安徳村・中木場村・島原村の三か村の庄屋・乙名および百姓の半分程はキリシタンに「立帰」らず、「妻子ヲ召連レ御城（島原城）」へ身を寄せ、「東空閑（村）ヨリ愛津（村）マテ」の北目（北部）十三か村の百姓もキリシタンに「立帰」らず、やはり「妻子召連」れ島原城へ身を寄せたという（七五頁）。一揆勢が行動を起こし始めたとき、一揆に参加しない百姓は妻子を連れて島原城に避難してきたのである。

一揆に参加しない百姓の中には、他領へ欠落する者もいた。天草の場合、熊本藩領への欠落が多かった。熊本藩は天草の異変に気づいた当初から警戒しており、「芦北郡之内津奈木浦ニ天草よりの落百姓御帳」（三六六頁）と表題のある帳簿に、

一家内五人　壱人　自身　年三十八　左次右衛門
　　　　　　壱人　女房　同三十
　　　　　　壱人　むすこ　同十三
　　　　　　壱人　むすめ　同七ツ
　　　　　　壱人　同　　　同三ツ

図７　原城本丸跡から望む天草丸跡

などとあるように、熊本藩領に落ちてきた者の記録を詳細に残している。ここでも、キリシタンに「立帰」らず落ちてくる者は、挙家型の行動をとっている。十一月二十日付で熊本藩家老が同藩江戸藩邸へ宛てた書状の中で、「妻子を召連御国（熊本藩領）江殊外参候」とある通りである。それも数人程度というのではなく、「男女弐百三十人芦北郡へ」「男女弐百人八代（やつしろ）郡へ」「男女七拾人宇土郡へ」（以上、三三九頁）などのような大きな規模での欠落であった。

一揆参加者であったとしても、原城籠城後に欠落した者もいる。その場合の行動も基本的には挙家型である。二月二十三日付で、原城を包囲する幕府軍に従軍する熊本藩士が同藩家老に宛てた書状に、「男女子共ニ以上親子五人の者」（九三一頁）が落ちてきたとか、二月二十四日付で幕府上使松平信綱・戸田氏鉄が大坂城代などに宛てた書状に、「細川越中殿よせ口へ妻子を引きつれ落人御座候、又今朝、松平右衛門佐殿よせ口へ、これも妻子を引きつれ落ち申候」（九三五頁）などとある。原城から落ちてくる者は、それを包囲していた幕府軍に、妻子を連れて欠落していることが確認できる。もっとも、一人で落ちてきたケースもないわけではないが、吟味の中で家族を置いてきたことを気にしている様子も窺える。したがって、どのような態度をとるにせよ、挙家型の行動が原則であったといえよう。

挙家の意味

ところで、戦争時、領主の城が領民の避難所として期待されていたことが近年藤木久志氏によって指摘されている（前掲『雑兵たちの戦場』、『飢餓と戦争の戦国を行く』朝日新聞社、二〇〇一年）。島原天草一揆における挙家による籠城についても、一揆に参加するにせよ、しないにせよ、相手の暴力から避難する手段であったと考えてよい。したがって、一揆側が最終的に挙家による原城籠城の形態をとったのは、初めから勝算のない終末思想によるものだったといえないことは確かである。

また一方で、この事件が「一揆」という呼称で呼ばれていることから明らかなように、この一揆は勢力争い・権力闘争のための戦争ではない。挙家型の行動は相手の暴力から避難するという意味を持っていたとしても、民衆運動の側面からも挙家型の行動の意味を考えるべきだろう。

筆者は当該期における民衆運動の主要形態である、近世前期の逃散（ちょうさん）と同じであることに注目したい。逃散は領主への異議申し立てを目的として、集団で耕作を拒否して一時的に他所へ籠（こ）もるという中近世の民衆の抵抗形態である。先行研究では、中世と近世とではその内容が異なっているとされる。すなわち、中世では女性をともなわないのが原則であるが、近世では前期まで女性をともなう挙家型の様式で展開する（黒田弘子「中世の逃散と女性」、保坂智「一揆・騒動と女性」、両論文とも『歴史評論』四六七、一九八九年、後、黒田弘子『女性からみた中世社会と法』校倉書房、二〇〇二年、保坂智『百姓一揆と義民の研究』吉川弘文館、二〇〇六年、にそれぞれ収所）。前者は必ず戻ってくることを前提としているのに対して、後者は必ずしもそうではないからである。そして、小農自立にともなって、百姓の「イエ」が成立してくるのを前提に展開する、近世期の惣百姓一揆では、通常十五歳から六十歳の男性が参加するという形態となり、再び女性不参加が原則となる（保坂智『百姓一揆とその作法』吉川弘文館、二〇〇二年）。

もちろん、中世の逃散にせよ、近世の惣百姓一揆にせよ、その過程で女性がさまざまな場面で関わっていたことも先行研究で明らかにされており、目に見える形で参加しなかったとしても、女性がまったく無関係であったことはありえない。表面上、史料に登場しなくても、女性も何らかの形で民衆運動を支えていたことは間違いない。しかし、島原天草一揆における民衆の行動形態が近世前期の逃散の行動様式に類似することは今まで見過ごされてきたことであり、女性が目に見える形で民衆運動に関わるあり方としてもっと注目されてもよいのではないかと思う。

戦闘に参加する女性

基本的には戦闘・攻撃は男性の役割だが、一揆の戦闘場面では女性が攻撃に参加している場面も散見される。

たとえば、島原藩士佐野弥七左衛門の覚書には、原城籠城前の、島原城への攻撃場面を描写するところで、「其一揆の勢の中に女人少々交り、乱髪に鉢巻してはら（藁でつくった家屋の覆いのことか）とまに火を付け、門の破番屋の内へ投込々々共々競懸り申候」（一八頁）などとある。ここから、島原城を攻撃する一揆勢の中には、女性も入り交じっている様子が窺える。

原城籠城中においても女性の攻撃活動は盛んであった。幕府軍に従軍した鈴木重成（すずきしげなり）が、

図8　復原された島原城

一月七日付で大坂城代などに宛てた書状では、原城へ攻撃を仕掛けて塀際まで迫る幕府軍に対して、一揆勢の「女共までたすきをかけ、くるすをひたいニあて、はちまきをいたし、石飛礫を雨のふる程打申候」（六七六頁）と伝えている。これによれば、肩には襷、額にはクルスや鉢巻をした女性までもが石つぶてを雨の降るように浴びせかけたため、寄せ手は勢いをくじかれ、軍を引かざるをえなかったという。あるいは、岡山藩が書き留めた情報では、幕府軍の総攻撃の際、「女童子を石つぶて・はい・すなをかけさせ申候」ともある。一揆勢の女性や子どもが石つぶて・灰・砂などを幕府軍に浴びせかけたため、幕府軍は眼を開けることができないような「迷惑」を被ったという（以上、九〇五頁。なお、「岡山藩聞書」と表記されるこの史料は、日本二十六聖人記念館蔵の現物の表題には「寛永嶋原騒動記、岡山侯聞書」とある。「岡山藩聞書」の表記は後世につけられた表紙のものである）。女性たちの攻撃はかなりの効果をあげたようである。

しかし、女性も戦闘や攻撃に参加していたことは事実であったとしても、全体からすれば、戦闘・攻撃に参加する者は圧倒的に男性が多数であったことも確かだろう。たとえば、熊本藩士が同藩に報告した記録によれば、一揆勢による島原城攻撃の際、藩側の反撃によって一揆側にも多数の犠牲者が出たが、「てき六十一人うち取候内ニ、女弐人有」之由にて候」（五〇頁）とか、十一月三日付で佐賀藩士が同藩江戸藩邸に宛てた書状に、「右の死骸……其内ニ女子四人御座候」（一〇五頁）とあったり、あるいは、十二月二十一日付で豊後府内藩士が藩に報告した記録によれば、「大手へよせ申候一揆共の死骸六十三御座候内女二人御座候」（五八二頁）などとある。ここには、一揆側の犠牲者の中に女性が含まれていたことが示されているから、確かに戦闘・攻撃に参加する女性がいたことは間違いない。しかし、それは数からすれば少数であって、むしろ珍しいからこそ史料に記録されたと見るべきだろう。

また、十二月二十九日付で熊本藩分家の家老志方半兵衛が記した記録には、原城籠城中における攻撃で、「城の内の男々ハ鉄砲を打石をなけ申候得ハ、女は男の手前迄石をはこび申由」（六二〇頁）とある。これによれば、男性は鉄砲を撃ったり、石を投げたりするのが役割であって、女性は男の手前までその石を運ぶのが役割であった。一揆の最終段階で男女の役割が区別できない状況になったことは想定できるが、一揆勢の戦闘・攻撃には基本的な性別役割分業があったといえるだろう。

もちろん、場合によってはそのような性別分業を越えることもあったことは、天正十七年（一五八九）に起こった典型的な国人（こくじん）・土豪（どごう）一揆である、天草合戦における女性の戦闘行為でも明らかである（西村汎子「キリスト教宣教師が見た女性と戦争」同編『戦争・暴力と女性1　戦の中の女たち』吉川弘文館、二〇〇四年、ルイス・フロイス〈松田毅一・川崎桃太訳〉『完訳フロイス日本史』一二、中央公論新社〈中公文庫〉、二〇〇〇年、二八〜三〇頁）。しかし、この天草合戦にしても、男性による戦闘が壊滅状態になってから初めて女性が覚悟を決めて戦った、という事情であったということにも注意が必要である。

ただし、だからといって、島原天草一揆における女性が補助的な役割しか与えられなかったとか、主体的でなかったなどというような評価をすべきではない。一揆における戦闘・攻撃の女性の参加が少数であったならば、参加した女性はむしろ男性よりも確かな意志をもって、主体的・積極的に戦闘・攻撃に参加したといえるのではないか。

「立帰」る女性

ところでこの一揆は、一度キリシタンを棄教した者が再び信仰に「立帰」って起こしたものである。その「立帰」りの様子を書き留めた島原藩士佐野弥七左衛門の覚書には、「其夜吉利支丹（キリシタン）に又立帰る者男女七百余人有レ之由、……其内にはや男女三千人程受法仕」（一二頁）というように記されている。人びとのキリシタンへの「立帰」りは、一揆の指導者によって意図的に天草四郎（あまくさしろう）の奇蹟譚（たん）が流布されたことが直接的な契機であったが、そのような作為があったとしても、そうした奇蹟譚に関心を示し、「男女ヲヒタ、シク往来」（二〇頁）し、「男女それニかたふき（傾）」（一〇五頁）、「男女それに打付申」（一二二頁）と複数の史料に見えるように、男性も女性もそこに救済の可能性の芽を見たことも重い事実である。一揆における戦闘・攻撃の場面では、女性の登場が少数にとどまっているとか、補助的な役割しか担っていなかったというような、断片的な史料だけで女性が一揆に主体的・積極的に関わっていないなどといえないことは、この女性の「立帰」りの様子からも窺えよう。

このような「立帰」り女性の主体性は、何によるものだろうか。次に掲げる史料は、当該期にオランダ商館長であったニコラス・クーケバッケルの日記であるが、ここには女性に対する激しい迫害の様子が描かれている。

……現在の領主（松倉勝家）の父（松倉重政）は、その家臣の大部分をつれて来て、残っている人々（旧有馬家臣）の収入を取上げ、彼等に何も与えなかった。そこで残っていた人々はその妻子を養うため、農業に従事しなければならなかった。……この残忍な暴君（松倉重政）は、この悲劇で満足せず、更にこれらの人々の妻を全裸にして足でつるす等の侮辱的な、不名誉なことを行った。しかしこの当時は、領主が領地にいたため、我慢され、辛抱されていた。ところが今の領主（松倉勝家）は江戸に住みながら、父の通りにこれを行おうとした。領民には取れる限りの税を課し、彼等は殆ど餓死寸前で、僅かに木の根、草の根で生命を保っていた。そして彼の奉行には、父が常に行っていた過酷な刑罰で脅す様命令し、これを行わせた。このため叛乱が起こり、「大勢が長い間かかって死ぬよりは、一度に死のう」と決議された。そして首謀者の中の数人は、やがて妻子が恥ずかしめられて死ぬのを見ない様に、自ら彼等を殺した。（七七頁）

また、十一月六日付で熊本藩士佐方少左衛門が同藩家老に宛てた書状には、「女子を水せめに被㆑成ニ付、一揆をおこし申共、又切支丹事共申候」（一三八頁）ともある。収奪強化を目的に当主の妻や娘を人質にしたり、拷問を加えたりするような迫害が特に過酷であったことが、女性の主体的・積極的な「立帰」りを促していったのではないかと想像できる。これは、文禄三年（一五九四）から元和五年（一六一九）まで日本に滞在したスペイン商人アビラ・ヒロンの見聞録『日本王国記』（『大航海時代叢書』一一、岩波書店、一九六五年）に見える、キリシタン女性の権力に対する抵抗（西村汎子『古代・中世の家族と女性』吉川弘文館、二〇〇二年、四六～四八頁）にも通じるところがある。

原城落城後、断続的に一揆勢の残党の処刑が行われたが、その際、幕府軍に従軍した松平輝綱（信綱の子）が、「至二童女輩一、喜死蒙二斬罪一」（松平輝綱『嶋原天草日記』『続々群書類従』四、一九七〇年〈復刻版〉、四四六頁）と書き留めたように、小さな女の子までが喜んで処刑されたという。それは、死後パライゾにて再会できるとする強い来世救済願望に支えられていたからだろうが、この点は、一揆に主体的・積極的に加わった者であれば男性・女性区別なく持っていた感情であろう。

関わり方の多様性と一揆の位置

女性の掠奪

これまで、一揆に主体的・積極的に加わった女性が少なくなかったことを確認してきたが、その一方で、一揆勢が島原城に攻め入ったとき、「城中（島原城）へ入後れたる女人などを少々奪ひ取」ったと佐野弥七左衛門の覚書に記されているように、一揆勢の中には掠奪されてきた女性がいたことにも注意が必要である。弥七左衛門の覚書には続けて、富岡弥左衛門（島原藩士か）の女房と娘が弥左衛門の討ち死にを歎いていたところに、一揆勢が島原城大手門まで迫ってきたときに、「悉く一揆方へ奪ひ捕」られたことが記されている。しかし、「原之城落城の前日彼富岡か女房娘共忍出、細川越中守殿陣所へ参り、斯と申て命助り松倉方へ戻り申候」（以上、一一九頁）と続いているように、彼女たちは原城落城の前日密かに脱出し、細川忠利の陣所で保護され、松倉方へ戻ることができたという。

熊本藩分家の家老志方半兵衛が書き留めた記録にも、「松倉殿侍の女子、人により在所へ置候を、一揆とも質に取、原の城へ引取」とあって、島原藩士の女家族の中で在所に残していた者は一揆勢に人質に取られ、原城籠城とともに連れて行かれたという。そして、原城から欠落した者の証言によれば、「若キ女ハ女房不持者共妻ニ仕り、年よりハ飯を焚せ申候」（以上、六八八頁）とのことで、掠奪されてきた若い女性は一揆勢の中の女房のいない者の妻にさせられ、年寄りの女性は飯炊きをさせられたという。

このように、原城に籠城していた一揆勢の中には、みずから進んで加わった女性の他に、人質などとして掠奪されてきた女性も含まれていたのである。

助命対象としての女性

原城籠城中の一揆勢に対して、参加を強制された非キリシタンに対する投降勧告が幕府軍からしばしば矢文によって提示され、揺さぶりがかけられた。一揆勢はこれに対して拒否の態度をとり、少なくとも表面的には強気の姿勢を崩さなかった。城中の動揺は少なかったように見える。

しかし、籠城も長期になってくると事情が変わってくる。一揆勢から女性・子どもの助命が歎願されたのである。一月十七日付で熊本藩士堀江勘兵衛が同藩家老長岡監物らに宛てた書状には、一揆勢から「妻子をたすけ被レ下候ハヽ、おとこ〳〵ハ何の道ニも御意次第ニ可レ仕との申分」（七四六頁）との内容の矢文が幕府軍に対して投げ込まれたとある。これによれば、一揆勢は男性の命と引き替えに女性・子どもの命を助けてほしいといっている、ということになる。

松平信綱に従って幕府軍に従軍した長谷川源右衛門の留書によれば、この前提には、一揆勢の「大将」三人を「如何様にも御成敗」して残りを助けてくれないか、との相談が持ちかけられたのに対して、信綱は「中々壱人も助候事成間敷候」と返答した、とのやりとりがあったという。そこで一揆勢から重ねて、「各男之分計御成敗候て、妻子御助候て可レ被レ下」との歎願がなされたが、これに対する信綱の返答は、「大勢之人数ほろぼし候上は、中々虫にても助候事成間敷候」（以上、七六七頁）とのことで、すでに大勢の者が犠牲になっていることからすれば、「虫」にても助けることは困難である、すなわち女性・子どもといえども助けることはできない、としたのである。

男性に限らず、キリシタンとして一揆に加わった者すべてが討伐の対象とされたこと自体もちろん目を引くことであるが、この一連の経過で特に注目したいのは、籠城の長期化の中で女性の助命が歎願されているという事実である。一揆の過程で女性の主体性・積極性が散見される一方で、一揆の指導者であった男性たちによって、女性が助命歎願の対象とされているというのは、結局は男性から女性が客体として扱われていたということを示すことに他ならない。たとえそれが、せめて妻子の命だけは助けたいという男性の側の忍びがたい情によるものであったとしても、そこには一揆の同志という感覚は男性同士に比べて希薄であったといわざるをえないだろう。

参加強制

それは、主体的・積極的に参加した女性に対してばかりでなく、一部の男性に対してもあてはまることが予想される。たとえば、一月二十一日付で幕府軍から一揆勢へ放った矢文には、「今度致二籠城一候者の内、志無レ之者ヲ致二焼討一、妻子ヲ人質ニ取、無理ニ為二貴利支丹一、乍二迷惑一城中ニ居申候者多候由」（七六八頁）とあり、妻子を人質にとられたことによる参加強制があったことが窺える。この矢文の趣旨は、そうした参加強制によって動員された者の投降を促すことで一揆の結束を取り崩すことをねらったということであろうが、一揆に主体的に参加していた者たちの、参加強制された男性に対する同志意識が希薄であったとすれば、参加強制の前提としての人質であった女性の扱いは二重の意味で客体であったことになる。

以上見てきたように、一揆に主体的・積極的に参加した女性も多数いたことは間違いないが、その一方で、一揆における女性の客体的・消極的なあり方も確認できる。実際に実現できたかどうかはともかくとして、イエズス会宣教師の背後にあるポルトガルの援軍を期待したり、各地の潜伏キリシタンにも武力蜂起を促して内乱誘発を企図する、などという宗教戦争としての側面があったことも否定できないが、そうした目標は原城籠城者すべての人びとに共通のものとはいえないこともまた確かだろう。一揆への参加のあり方にはさまざまなものがあって、決して一様でなかったことを確認したい。

一揆における女性に注目することでいったい何が見えてくるのか。本章のまとめとして、二つのことを指摘したい。

女性の主体性・客体性

一つは、島原天草一揆における女性の主体性と客体性についてである。この一揆における女性は主体性・客体性両側面があって、参加のあり方を一律に規定することは困難である。一揆への参加の仕方には個別の事情があったのであり、女性の関わり方を単色で塗りつぶすわけにはいかない。女性ほど関わり方の多様性は少ないかもしれないが、これはもちろん男性にもあてはまる。この点は、権力対民衆という二項対立的理解の止揚（しよう）という点で、神田千里氏の理解と共通する。

この一揆に限らず、歴史上の事件や国家・社会の構造分析において女性に注目するというのは、一見ひとまとまりのものとみなしやすいものであっても、それを構成している中身は実際には多様な要素があって、単色に性格規定することが実に危険であることを改めて気づかせてくれる。女性のあり方の一部だけを抽出してそこから安易に性格規定してしまえば、かえって女性・男性の枠組みを固定化することになってしまうのであって、多様性を確認することこそ女性に注目する重要な意味なのだと筆者は理解している。

島原天草一揆の位置

いま一つ指摘したいことは、島原天草一揆の位置についてである。かつて深谷克己氏は、島原天草一揆を国人・土豪一揆段階の一揆から分離させて理解すべきだと指摘し、十七世紀中後期から展開する惣百姓一揆段階への分水嶺にあたると位置づけた。すなわち深谷氏は、島原天草一揆の位置について、その前段階の国人・土豪一揆に続くものではあるが、兵農分離への移行にともない「百姓」の階層で括られる人びとが上層・下層区別なく参加する、近世期の惣百姓一揆の段階へ架橋するものであるとした。この議論を展開した深谷氏の論文「「島原の乱」の歴史的意義」（『歴史評論』二〇一、一九六七年、後、『増補改訂版 百姓一揆の歴史的構造』校倉書房、一九八六年、に所収）は今から四十年前に発表されたものだから、現在の研究状況から見れば違和感のある表現もないことはないが、それをそぎ落とせば十六〜十七世紀における一揆の変容について、当該期の国家・社会全体の構造変化を念頭にダイナミックに描いており、民衆運動史の骨組みとして今なお有効であると思う。

したがって、この一揆は、国人・土豪一揆に続く武力蜂起の最後の段階であるとともに、惣百姓一揆につながる惣百姓参加の最初の段階であるという、二つの性格が混在している、と見ることに違和感はない。しかし、ここではさらに、近世前期の逃散（ちょうさん）における挙家（きょか）の要素も入っていることを付け加えたい。これまで、中近世両時代に共通して展開する逃散は、国人・土豪一揆から島原天草一揆を経て惣百姓一揆へと展開していく系列の民衆運動とは別個に、同時並行で展開しているような観があったが、この一揆における近世前期の挙家の要素に注目することによって、この一揆は当該期民衆運動の諸要素が混在している幕藩体制成立期の象徴的事件であることがいっそう明確になった、と筆者は考える。

この点は、神田氏の理解と大きく異なる点である。先に見たように、一揆の構造の点について神田氏は、島原天草一揆への動員のあり方が十五〜十六世紀の土一揆（つちいっき）に類似していると指摘している（『土一揆の時代』吉川弘文館、二〇〇四年）。これは、十七世紀前期までを一つのまとまった時代として見ようという中近世移行期論の根拠ともなる議論だが、この一揆を土一揆の範疇で理解しようとするのは、いささか乱暴ではないかというのが筆者の印象である。もちろん、神田氏はこの間の変化についてまったく意を払っていないわけではないのであるが、この間の変化の質をあまり重く見ていないようである。

神田氏は、十六世紀後期になると史料上「土一揆」から単に「一揆」の呼称へと変化することを指摘し、その理由をこの時期「一揆」とは「土民（どみん）」「百姓」が行うものであるとの認識が広がったためであるとする。これは十六～十七世紀における一揆の性格を考える上で重要な指摘である。一揆の指導者が表面上類似の牢人（ろうにん）（下級武士）であったとしても、人びとの社会関係全体の中でどのように位置づけられるか、という点から考えれば、重要な変化があったということではないか。岡山藩が集めた情報では、「一揆の大将者天草と申所の四郎と申百姓」（一四四頁）とか、「（四郎の）親甚兵衛と申肥後百姓にて候」（七八九頁）のように、四郎や父の甚兵衛を「百姓」と呼んでいる史料がある。深谷氏が指摘するように、実態はどうであれ、一揆発生時は一揆指導者も体制的に百姓の側に押し込められる段階に入っていたと考えるべきではなかろうか。

また、一揆勢の出で立ちについて、島原藩士佐野弥七左衛門が「具足は不㆑及（もうすにおよばず）申、着込着したる者さへ一人も無㆑之候」「結構なる衣類着し候者も有㆑之つると申候なれとも、拙者は終に見不レ申候」などと書き留めているように、ほとんどが具足もつけない貧相な武装であった（七七六頁）。一揆勢は少なくない鉄砲・槍・刀剣を所持していたが、たとえば唐津藩兵の負傷者名簿を見ると「石疵」とあるのが少なくないことから、投石も主要な武器であったことがわかる（九六一〜九六四頁）。階層的には、一揆勢は指導者を含めて百姓の集団であったといえよう。

そこで次に問題となるのは、十七世紀中後期以降展開していった、権力との武力対決を想定しない惣百姓一揆（前掲保坂智『百姓一揆とその作法』）と、その惣百姓一揆に先行して権力との激しい武力対決が起こった島原天草一揆との関係を、民衆運動史上どのように理解すべきか、という点である。この問題については、後の「近世人の島原天草一揆認識と『仁政』」の章で詳しく検討することにする。

一揆集団の諸相と論理

一揆集団の諸相

掘り出された一揆勢の遺物

前章まで、一揆勢の構成を単色では性格規定できず、多様な側面があったことを指摘してきた。にもかかわらず、キリシタンが一揆の紐帯（ちゅうたい）になっていたことも事実である。一揆勢の多様な構成とその紐帯となったキリシタン信仰との関係をどう考えたらいいのか。本章では、一揆集団の論理をキリシタン信仰との関係から考えてみたい。

ところで近年、原城（はら）が発掘調査され、一揆勢の遺物が掘り出されていることを本書の冒頭で触れたが、ここでそれらについて検討しよう。『南有馬町文化財報告書第2集　原城跡』、『南有馬町文化財報告書第3集　原城跡Ⅱ』、『南有馬町文化財報告書第4集　原城跡

Ⅲ』、『原城』、『原城発掘』（すべて前掲）を参考に、注目される遺物を四つあげる。

まず第一に目を見張るのは人骨である。原城は落城後、徹底的に破壊されたものと思われるが、その破却時に、毀（こぼ）した石垣や建築物の部品などとともに、周囲に散乱していた遺体がいっしょに埋め込まれたのであろう。数多く出土している鉄砲の鉛玉とあわせて、報告書に掲載された歯形の写真が、原城落城時の凄惨な戦闘を彷彿とさせ、物悲しい。

第二はキリシタン遺物である。『南有馬町文化財報告書第2集　原城跡』によると、第一次～第三次調査で、十字架十五点、メダイ十一点、ロザリオの珠十九点が、『南有馬町文化財報告書第3集　原城跡Ⅱ』によると、第四次～第七次調査で、十字架十一点、メダイ三点、ロザリオの珠六点が、『南有馬町文化財報告書第4集　原城跡Ⅲ』によると、第八次～第九次調査で、十字架五点、花十字紋瓦二点が、それぞれ発見された。いずれも本丸跡からの出土である。このうち青銅製と真鍮製のメダイはヨーロッパ製であるとされ、宣教師から信者に渡されたものを一揆参加者が原城に持ち込んだものと思われる。ガラス製のロザリオの珠も、籠城（ろうじょう）の際、外から持ち込んだものだろう。十字架については、報告書第3集に記載されている銅製の二点、ガラス製の一点を除いて、すべて鉛製である。銅製のものは、鉛製のものより若干大きく、メダイやロザリオと同じように原城籠城の際、外

図9　原城跡出土の一揆勢の遺物

本丸跡から掘り出された人骨群（南島原市教育委員会提供）

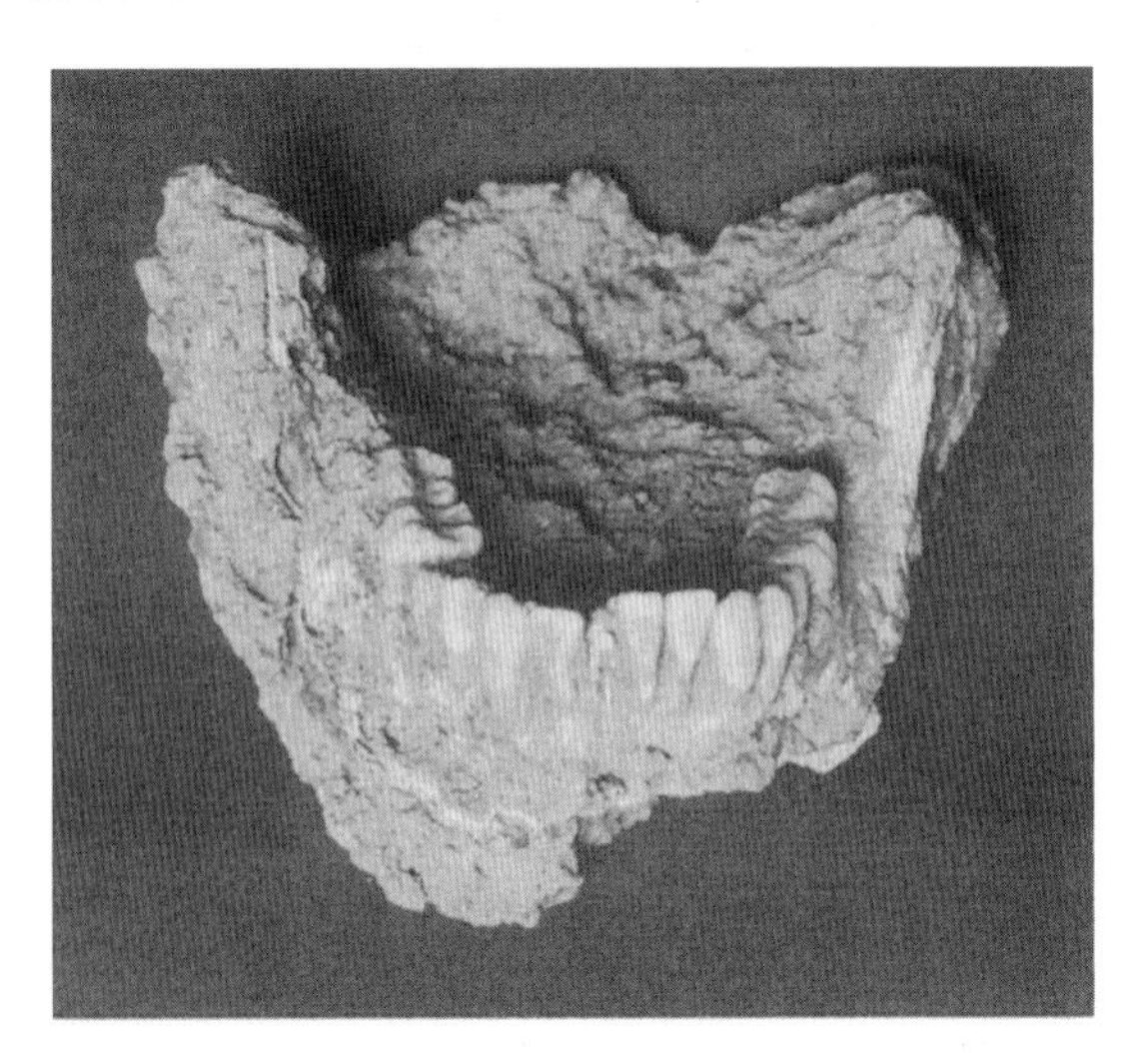

下顎部分のみ残った人骨（南島原市教育委員会所蔵）

鉛製十字架
（同所蔵）

青銅製メダイ
（同所蔵）

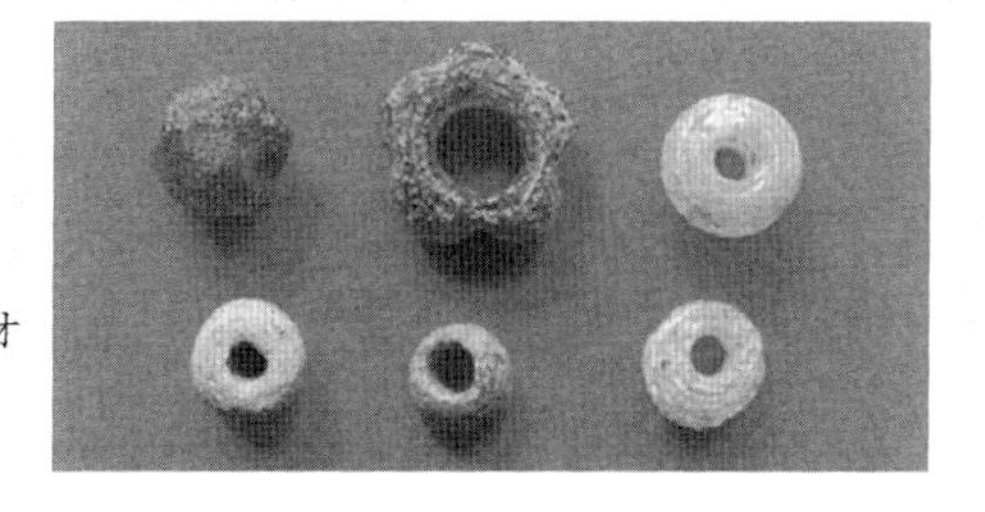
ガラス製ロザリオ
の珠（同所蔵）

掘り出された本丸跡の石垣

掘り出された櫓台跡の石垣隅角部（南島原市教育委員会提供）

空から見た竪穴建物跡群の発掘状況（同提供）

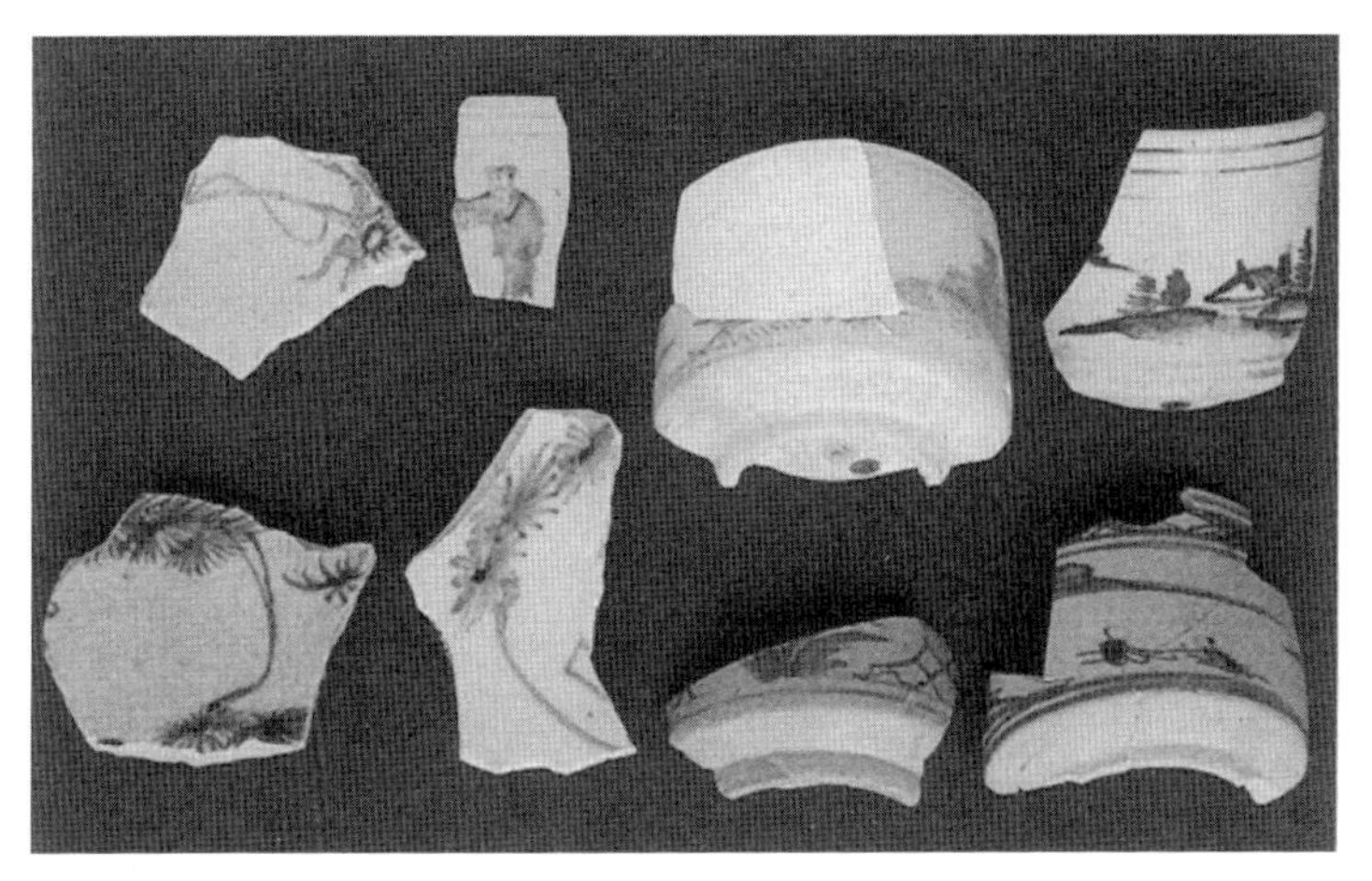

掘り出された国産陶磁器の破片（南島原市教育委員会所蔵）

から持ち込まれたものだろうが、鉛製のものは不完全な形状のものもあり、籠城中に急拵えに作製されたものと思われる。原城に持ち込まれていた鉛は、鉄砲の弾の作製のほかにこのような十字架の作製にも使用されたことがわかる。これらキリシタン遺物は、いずれも人骨の近くで出土されたものが多いとされ、一揆勢がキリシタン信仰のもとに結束して籠城していた痕跡が窺える。なお、花十字紋瓦の出土はこれまで長崎市内に限定されており、島原半島では初めての出土であるという。

第三は石垣・瓦（一般）・遺構など、城郭に関わる遺物である。発掘前の通説では、日向国延岡に転封になった有馬直純に代わり、松倉重政が島原に入部して島原城を築城する際、廃城となった原城や日野江城から石垣や建築資材が持ち去られたとされた。したがって、島原天草一揆が起こったときには、原城は城としての機能がほとんどなくなっていたといわれてきた。しかし、発掘の結果、石垣は一部破却の上、埋められているだけで、石そのものはほとんど残っており、本格的な破却は一揆後であったことが判明した。また、大量の瓦が出土したことは、何らかの構築物があったことを推測させ、城郭としての機能は失われていなかったことが窺える。一揆勢は粗末な廃城に籠城したのではなく、強固な防衛機能を持つ城に籠城したということである。

また、『原城』によれば、二〇〇一年度の調査で、一揆勢が使用したと思われる竪穴建物跡群が発見されたという。これは半地下式の塹壕で、一辺が三～四メートルの規格化された方形型のものである。『原城』は家族単位・同一集落単位で籠城していたと解説している。さらに同書は、暖房装置や炉・竈が発見されていないことから、食事は竪穴建物ごとの個別管理ではなく、集中管理方式で調理していたのではないかと推測している。これにより、規律化された一揆集団の姿が浮かび上がる。

第四は陶磁器などの日用品である。肥前産の陶磁器も少なくないが、それ以上に目を引くのは大量の中国産貿易磁器である。いずれも十六世紀末から十七世紀初期の作製とされ、一揆勢が持ち込んだものの他、廃城になった原城に有馬氏が残していったものだと思われる。実は出土品としてはこれら陶磁器がもっとも多い。大量の中国産貿易磁器の存在は有馬氏が幅広く海外交流を行っていた証拠でもあるが、これら陶磁器が数多く原城跡から発見されたということは、廃城になっていたとはいえ、原城が生活機能も十分に備えた施設であったことを示している。

これらの発掘調査の結果から、どんなことがわかるだろうか。キリシタン遺物からいえるのは、もちろん一揆におけるキリシタン信仰の役割の大きさである。オランダ商館長ニコラス・クーケバッケルの日記、十二月二十六日（旧暦十一月十日）の項には、「（一揆勢の）幟（のぼり）には、『我々の勝敗は神への奉仕のためであり、キリシタンと宣教師が流した血に復讐し、我々の宗教のために死ぬのに、丁度よい時に生まれた』と書いてある」（一九四頁）とある。

殉教のための蜂起、生きるための籠城

同じクーケバッケルの日記、十二月十七日（旧暦十一月一日）の項には、「『大勢が長い間かかって死ぬよりは、一度に死のう』と決議された。そして首謀者の中の数人は、やがて妻子が恥ずかしめられて死ぬのを見ない様に、自ら彼等を殺した」（七七頁）とあり、一揆に加わるにあたって妻子を殺害した者がいたことが記されている。ここに見えるのは、まさに、終末思想を前提とした殉教覚悟の武力蜂起である。

一揆勢の中に殉教精神を持って参加した者がいたことは、邦文史料にもある。一月十六日付で熊本藩士堀江勘兵衛が同藩家老らに送った書状には、「有馬より壱里山おくニきりしたん共の老い親或ハ女房・子共きりころし・つゝら・ひつ・むしろなどに入、大分うつミ有之由」とあって、有馬より一里隔たった「山おく」を探索したところ、一揆の男性

参加者の老親・女房・子どもが斬り殺され、「つゝら・ひつ・むしろ」に入れて放置されていたと報告されている。これを書き留めた堀江は、「加様ニやくニも不レ立者ハはや仕廻候て城中へ籠中儀ニ御座候」（以上、七四〇頁）として、戦闘に役に立たないものを斬り殺して籠城したとの見方を示している。

しかし、前章で見たように、すべてがこのような殉教覚悟の籠城とはいえず、主流は家族同伴の挙家型の籠城であった。原城跡から大量の陶磁器のような日用品が出土したというのは、一揆勢が生活のための日用品を持ち込んだという事実とともに、そうした日用品がそこにあるという前提で籠城したことを示しているものと思われる。つまり、これはそこでしばらく生活することを前提とした、今後も生きるための籠城であったことを意味している。服部英雄氏がいうように、現実的な可能性は高かったとはいえないが、各地の潜伏キリシタンの蜂起やポルトガルの援軍を期待したというのも確かに可能性としては十分ありえる。

信仰強制

一方、右に見たように、逆に殉教のつもりで籠城した者がいたことも史料から窺うことができる。したがって、ここでは一揆勢が援軍を期待して籠城したことを強調したいのではない。籠城者の意識の多様性を確認したいのである。この一揆に対するキリシタン信仰の役割はもとより重要だが、だからといって籠城者をキリシタン篤信者ばかりであったと決めつけるわけにはいかない。実際、一揆を形成する過程で強力な信仰強制があったことは多くの史料で確認できる。

たとえば、一揆の発生に当たって熊本藩領三角(みすみ)を警備していた同藩士島又左衛門は、十月三十日付で同藩家老に宛てた書状で、天草郡岩屋(いわや)（登立(のぼりたて)村の枝郷）から三角に七十三人が落ちてきたことを知らせる中で、庄屋菟右衛門が「宗門真宗ニて御座候を、天草の内大矢野村と申所の百姓悉ク切支丹ニて御座候故、右岩家(屋)泊りの百姓共切支丹ニ成候へと申候得共同心不レ仕候ニ付て、彼大矢野村より打果可レ申と申ニ付て、御国を頼参候由」（五九頁）と述べたと伝えている。これによれば、自分たちは浄土真宗(じょうどしんしゅう)の門徒であるが、天草郡大矢野村の百姓がことごとく「切支丹」であったので、岩屋の百姓にも「切支丹」になれと申してきたという。もし同心しなければ、討ち果たしにゆくと脅されたので、熊本藩を頼って落ちてきたというのである。

一揆に加わらなかった落人の、このような証言はいくつもある。「きりしたんニ成不レ申候ハヽ、ころし可レ申と申ニ付、切支丹ニ成申候」（四二三頁）とか、「吉利支丹ニ成不レ申候へハ打ころされ申候ニ付、無二是非一吉利支丹ニ成城ニ籠申候」（六〇三頁）などというようにである。また、原城籠城中、城中から欠落してきた者の証言には、「城中にて吉利支丹宗門につよく思入候者、無理ニ此度宗門ニ致候者を組合、法度つよく致候由」（九〇五頁）とあるように、一揆に積極的に参加したキリシタンと無理にキリシタンを勧められて参加した者とを組み合わせて、城内の持ち場を定めていたというのもある。それは、「城中本きりしたんは堅一身仕候、むりなりのものともに目を付中々そゝやき事も申させず候よし」（七九一頁）とあるように、キリシタン信仰を強制されて籠城している者に対する監視が厳しく、ささやくこともできないとする別の落人の証言とも一致する。このように、一揆勢の中には、「むりなりのもの」という信仰を強制された者が一定程度含まれていた。したがって、一揆集団はキリシタンを紐帯として編成されていたことは間違いないが、実際は混成集団であったと見た方がよい。

一揆集団の多様な構成

原城発掘の調査結果は、まさに多様な一揆勢の諸相を表している。キリシタン信仰を基盤としているとはいえ、信仰心の篤い者もいれば、そうでない者や無理やり強制された者もいたし、信仰に殉ずるために参加した者もいれば、今後も生きるために参加した者もいた。オランダ商館長ニコラス・クーケバッケルは、日記や書翰の中でしばしばこの一揆を「農民とキリスト教徒の叛乱」と表現している（たとえば、八七五〜八七六頁）。それは、クーケバッケルが、この一揆集団が信仰的に混成集団であったことを見抜いていたことを示している。島原天草一揆は純粋なキリシタン一揆とはいいがたいのである。

復宗運動の論理

「従二此方一仕掛申たる儀無二御座一候」

すでに検討したように、一揆勢の矢文の中で幕府軍に広く知られていたのは、キリシタン禁制さえ解いてくれればよいとするものであったが、その同じ矢文に「一度として従二此方一仕掛申たる儀無二御座一候」（七五五頁）とか、「此方ヨリ仕掛申儀無二御座一候」（八三〇頁）などという共通の趣旨の文言がある。言葉遣いには若干違いがあるが、一揆勢から仕掛けたことはない、というのが文意である。続けて前者には、「天草嶋原両所共ニ御軍勢を以御踏殺候間、至極迷惑防申たる分ニ候」と、後者には「其元より御仕掛候へハ、身ノ火を払申候ニて御座候」とあり、最初に手を出したのは幕藩権力の方であって、一揆勢はそれを振り払おうとしたただけだ、というのである。

そもそもこの一揆の発端は、島原藩の役人によるキリシタンの信仰対象への侮辱や、「立帰」ったキリシタンたちの信仰活動への弾圧であった。役人による侮辱については、十月二十九日付で熊本藩士道家七郎右衛門が藩に報告した覚書の中で、次のようにある。「彼所(口之津)ニ御影をかけ唱を仕者有ㇾ之ニ付、代官林兵右(左か)衛門御影を引さき候得ハ即時ニ兵右衛門をうちはたし候」（五〇頁）とあるように、デウスの「御影をかけ」てキリシタンの唱えをしていたところ、この地域の代官林兵左衛門（他の史料ではほとんど「兵左衛門」）がやってきて、その「御影」を引き裂いたので、即時に兵左衛門を討ちはたしたという。

また、「立帰」りキリシタンに対する弾圧については、十一月三日付で佐賀藩士亀川勝右衛門が江戸藩邸に報告した書状の中で、次のようにある。有馬村新兵衛という百姓がキリシタンのことについて説いてまわり、男女を問わず多くの者がそれに傾いたので、「家老衆より侍三人被ㇾ申付、右取出し徒類十五人縄を懸、島原のことく召連候」（一〇五頁）という。島原藩は、家老衆の命で役人三人を派遣し、右のことに関わった者十五人に縄をかけ、島原に連行したという。

これらの史料が示す一揆の発端から考えると、一揆勢の方から仕掛けたことはないとする一揆勢の主張は、直接的には「立帰」ったキリシタンの信仰活動に対する島原藩の妨害や弾圧のことを意味しているようである。確かに、一揆勢がすべてキリシタン信仰に篤い一枚岩であればこの経緯は納得しやすい。しかし、右に見てきたように、この一揆集団は混成集団であるのが実態であって、キリシタン信仰の弱い者や非キリシタンを巻き込んで一揆集団を形成していた。一揆勢の方から仕掛けたことはないとする一揆勢の主張は、本当にキリシタンの信仰活動に対する妨害だけに限定できるのか。

「立帰」りの展開と寺社破壊

そもそも、キリシタンへの「立帰」りがどのような経緯で進行したのか。それは自然と進んだのではもちろんなく、一揆指導者の作為があったと見るべきだろう。十月中旬に「かつさじゆわん」の署名で出回った廻状には、「きりしたんに成申さぬものハ、日本国中の者共、てうす様より、左の御足にていんへるのへ、御ふミこみ被」成候」（一一頁）とあって、キリシタンにならぬ者はデウスにより「いんへるの」へ落とされるという。「いんへるの」とは、キリシタンのいう地獄のことである。十月二十二日付の島原藩士佐野弥七左衛門の記録によれば、こうした呼びかけに応じて、有馬村の三吉・覚内という百姓が天草の大矢野村にいる四郎のもとに参り、キリシタンの絵を与えられ、それを「己か家に飾置、（周囲の人を）宗門に勧め入」れた。

その結果、「吉利支丹に又立帰る者男女七百余人」（以上、一一～一二頁）にもなったという。

こうした復宗運動の背景には、鶴田倉造氏が指摘するように、棄教への後悔があったからだと思われる（前掲『上天草市史　大矢野町編3近世　天草島原の乱とその前後』）。熊本藩士道家七郎右衛門が藩へ報告したところによれば、「切支丹のとふらひヲ不レ仕候ニ付、死人共うかひ不レ申候、てんちくよりも殊外御けきりんニて候」（五一頁）とあり、キリシタンへの「立帰」りが起こったのは、棄教してキリシタンの弔いをやめたために死人は浮かばれず、神の逆鱗（げきりん）に触れてしまったことに気づいたからだという。そうした棄教による天罰で目が覚（さ）めたというのである。

こうしてキリシタンに「立帰」った者たちは、キリシタンを基軸とした秩序の構築を志向していく。十月二十日付で細川立允（ほそかわりゅういん）が熊本藩家老に宛てた書状には、「今ハていうすの御代」（六三頁）となったとする天草の「立帰」りキリシタンの発言が記されている。そして、彼らは神仏信仰を否定し、寺社を破壊していった。「有馬より深江村迄六ケ村の塔・宮・寺に火を付」（一四頁）、「浦々近キ堂宮ニ火ヲ付」（一二頁）、「江東寺・桜井寺に火を付」（一五頁）などとあるような一揆勢による寺社放火の記述は史料上たくさん見ら

図10　一揆勢により首を斬られた地蔵か（島原市・江東寺所在）

れる。

　さらに、非キリシタンに対する暴力が激しく遂行された。十一月四日付で佐賀藩家老多久茂辰が江戸藩邸に宛てた書状で、「き（キリシタンの意か）り一類ニ不罷成（まかりならざる）者の家ニも、彼悪党共火をかけ焼払」（一二二頁）と書き留めていることや、十一月十七日付で熊本藩士井口少左衛門が同藩家老に宛てた書状で、「（天草）五料（御領）村の百姓共ハ此中きりしたんニてハ無御座候ニ付て、一揆とも五料村を放火仕候」（二八九頁）と記しているように、一揆勢は、寺社の他、キリシタンでない者の家に放火してまわった。島原有馬町の別当杢左衛門が書き留めた覚書の十月二十六日の項では、「（非キリシタンの）安徳村の百姓とも、牛馬に荷を付子供等を懐抱、島原の城に逃参候、町中よりも不残逃入申候」（二五頁）とあるように、非キリシタンの百姓たちが領主の城である島原城に逃げ込んできたのは、右のような一揆勢の暴力が激しいものであったからである。

寺社破壊はキリシタン大名時代への回帰か？

戦国期、大友宗麟・大村純忠・有馬晴信といったキリシタン大名領では、激しい寺社破壊の事実が認められる。したがって、一揆勢の寺社破壊や非キリシタンへの暴力は、確かにキリシタン大名領で起こったことと表面上よく似ている。とすれば、これはキリシタン大名時代への回帰を志向した行為と考えてよいだろうか。

キリシタン大名の寺社破壊は治者としての宗教政策による行為である。したがって、一揆勢による寺社破壊を、キリシタン大名による領内統治の手段と同じレベルでとらえることには違和感を感じる。一揆はあくまで被治者の側の自己主張であって、一揆勢固有の論理があったと見るべきではないか。

ここで思い起こされるのが、深谷克己氏が一九七一年に発表した「殉教の論理と蜂起の論理―島原・天草一揆の思想史的理解について―」（『思想』五六五、一九七一年、後、前掲『百姓一揆の歴史的構造』に所収）という論文である。深谷氏は、厳しい禁教政策における、宣教師指導下のキリシタンと宣教師不在下のキリシタンとでは、目指す方向が異なっていたと指摘した。前者が宣教師の指導のもと、宗教上の教義に即して殉教を志向していったのに対して、後者は宣教師の不在という状況のもと、武力蜂起によってキリシタンを基軸とする宗教王国の設立を志向していくことになったとする。それが島原天草一揆に結実したというのである。

宗教王国の内実については必ずしも明確ではなく議論の余地があるが、宣教師が存在するかどうかによって、キリシタンとして目指すものが違っていたという深谷氏の指摘に筆者は共感する。殉教はあくまでキリシタン宣教師が宣教師としての立場で説く教義であって、信徒自身がそれをそのまま受け留めていたかどうかは別の問題である。一般信徒は確かにキリシタンではあったが、一方で普通の百姓として、目の前で起こっている課題にどう対処するかを迫られていたはずで、キリシタンに共感したのも百姓としての自己の生活を守るためであったのではなかったか。

「立帰」りキリシタンとなった一揆勢が寺社破壊や非信徒に対する暴力を展開した理由について、キリシタン大名時代への回帰を志向したというのは、キリシタン宣教師もキリシタン大名もキリシタン民衆も、すべてキリシタンとして単色に性格規定してしまうことになる。キリシタン宣教師・キリシタン大名が、キリシタンという宗教に求めていたのはそれぞれの論理があったはずで、ある部分では重なっていたであろうが、まったく同じであったということはない。同様にキリシタン民衆にも彼らの論理があったのであり、キリシタン宣教師やキリシタン大名の指導下から解放されたという意味で、皮肉にも、厳しい禁教政策による宣教師の不在によって、初めてキリシタンはそれを信仰する民衆のものになったのである。そして、ここで彼らは重大な決断を迫られることになる。島原天草一揆のように武力蜂起に立ち上がるか、潜伏状態を継続するか、である。一六三〇年代末はその分岐点であった。

右に見たような一揆勢の行為の論理は、表面的に見えるキリシタンとしての属性ばかりでは説明できないのではないか。混成集団としての一揆集団であってみればなおさらである。島原天草一揆の一揆集団の論理を解明するためには、百姓としての属性についても十分考慮して検討してみることが必要である。以下、その点を念頭に、一揆勢の論理を考えてみよう。

『四郎法度書』

これまでの検討から、混成集団としての一揆集団が結束を保つことができたのは、その紐帯(ちゅうたい)としてキリシタン信仰が重要な役割を果たした、といえそうである。しかし、信仰強制があったとはいえ、キリシタン信仰の希薄な者や非キリシタンを一揆集団に取り込むことができたのはなぜなのか、なお検討を要する。

キリシタン信仰を紐帯とする一揆集団の論理について考えるのに恰好の材料が、「益田四郎ふらんしすこ」の署名を付し、二月一日付で原（はら）城内の一揆勢に示されたとされる『四郎法度書（しろうはっとがき）』（八二九～八三〇頁）である。三月二十三日付で熊本藩家老が江戸留守居に宛てた書状に、「きりしたんの四郎法度書出候間、是亦（これまた）写懸二御目一候事」（一〇四五頁）とあるのが、それである。現在、永青文庫（えいせいぶんこ）に伝わるこの『四郎法度書』は原本ではなく写しのようであるが、八か条にわたってキリシタン用語を使用しながら一揆勢の結束を呼びかけていることから、史料の信憑性はある。四郎が自分の意志で書いたものかどうかは確信は持てないものの、少なくとも一揆の指導者がどのような論理で一揆集団を統括していたかを十分窺うことのできる史料である。長文ではあるが、全文引用しよう。

不レ及レ申候へ共、為二存知寄一儀ニ候間、一ツ書を以申渡候、

一（一条）今度此城内ニ御籠候各、誠此中如レ形、罪果数をつくし背奉り候事ニ候へハ、後生のたすかり不定の身ニ罷成候処ニ、各別之御慈悲を以、此城内の御人数に被二召抱一候事、如何程の御恩と思食（おぼしめし）候哉、乍レ不レ及レ申（もうすにおよばずながら）無二油断一心のおよひ、御奉公無二申迄一候事、

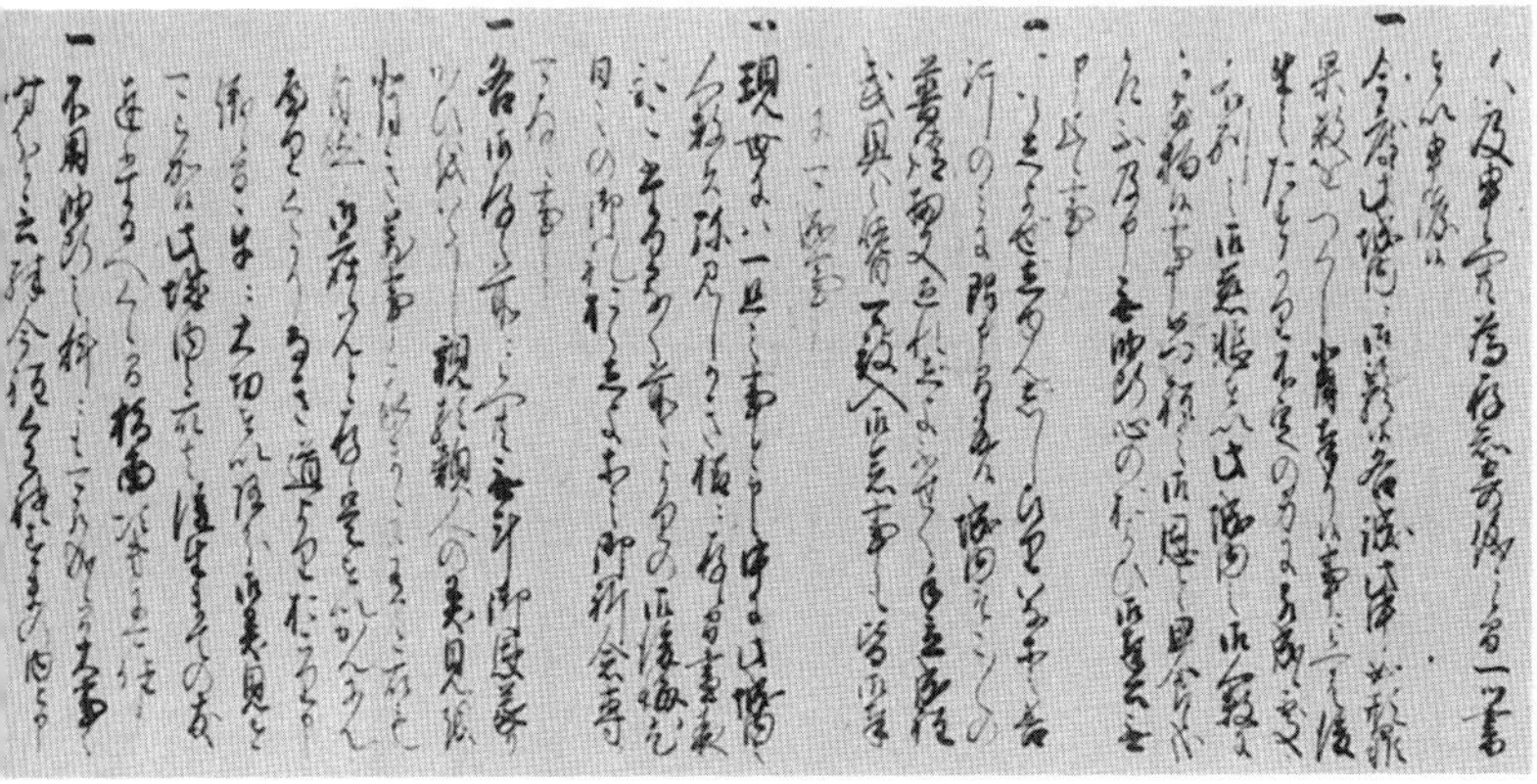

図11　『四郎法度書』（永青文庫所蔵）

一（二条）□（お）らしよ・ぜじゆん・じしひりいな等の善行のミに限申間敷候、城内そこ〳〵の普請・扨又（さてまた）ゑれじよふせく手立、成程武具の嗜可㆑被㆑入㆓御念㆒事も皆御奉公に可㆑成事、

一（三条）現世には一旦の事と申候中に、此城内之人数は弥（いよいよ）見しかき様ニ存候間、昼夜おこたりなく、前々よりの御後悔尤、日日の御礼、おらしよ等の御祈念専（もつぱら）ニ可㆑存候事、

一（四条）各御存之前ニ候へ共、無㆑計御恩蒙り、かひをいたし、親類類人の異見を背き、万事我まゝに有㆑之衆も、自然ハ御座候ハんと存候、是を以かんにん、へりくだりなき道よりおこり申儀候間、互に大切を以随分御異見を可㆑被㆑加候、此城内の衆は、後世までの友達たるへく候間、指南次第ニ可㆑仕候事、

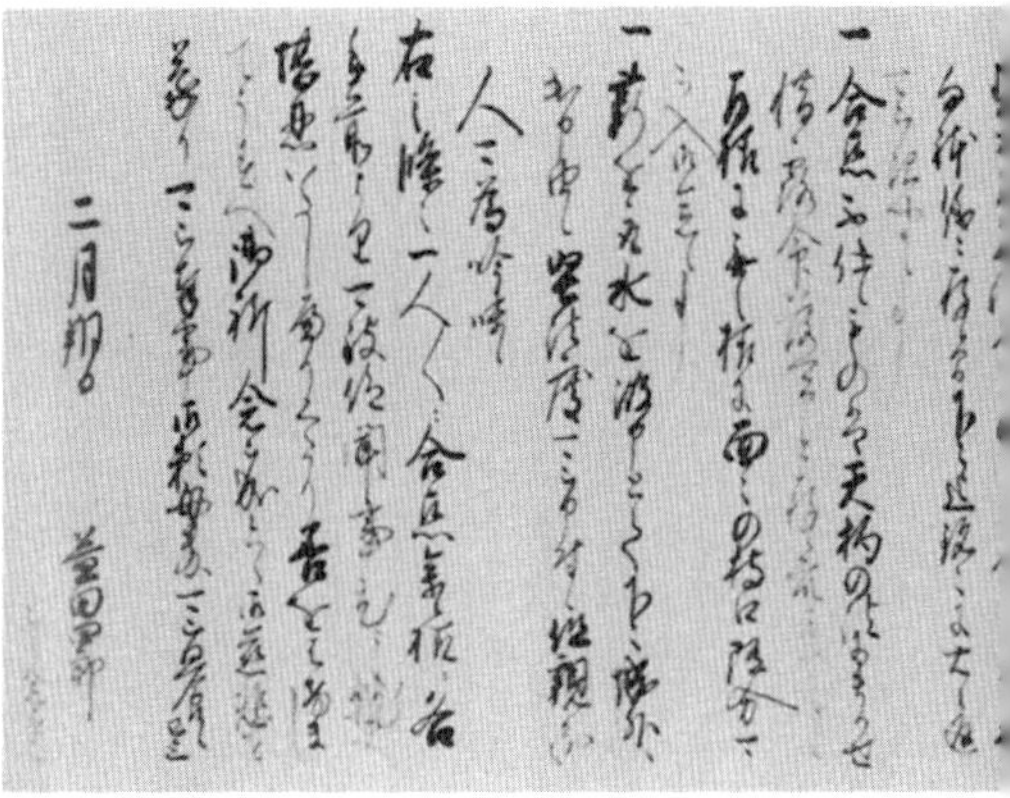

一（五条）不用油断の科ニも可二罷成一候間、大事之時分と言、殊今程くわれすまの内と申、我々の持口に聢（しかと）相詰、夜白御奉公可レ被レ申候、人により小屋〳〵に引入、すこしのすきにくつろきのみ見え申候、是無二勿体一儀ニ存候間、下々迄銘々に右の通可レ被二仰聞一候事、

一（六条）合点不レ仕候ものは、天狗の法にまかせ、惜、露命落可レ申と存候衆有レ之候、左様に無レ之様ニ、面々の持口、随分可レ被レ入二御念一候事、

一（七条）薪を取、水を汲申とて下々城外へ出申由候、堅法度可レ被二申付一候、但親分之人可レ為二吟味一候、

一（八条）右之条々一人〳〵ニ合点参候様ニ、各手前より可レ被二仰聞一事尤ニ候、就レ夫、堪忍いたし、へりくたり、善をはけまし、てうすへ御祈念被レ成候ハヽ、御慈悲を蒙り可レ被レ奉事、御頼母敷可レ被二思食一候、已上（いじょう）、

二月朔日　　益田四郎

キリシタンという神威

ふらんしすこ

まず、第一条で、原城に籠城している一揆勢を「罪果数をつくし背奉」る罪深き者であるから「後生のたすかり」もおぼつかないのであるが、「各別之御慈悲を以」て城内籠城に加わることを許されたのであるから、これを「如何程の御恩」と考え、油断なく「御奉公」するべきである、とする。ここでは「御慈悲」「御恩」「御奉公」の対象について明確に示されていないが、それはキリシタンの神（デウス）をおいて他にない。

その上で、第二条では、「□らしよ（祈禱）・ぜじゅん（断食）・じしひりいな（鞭打ち苦行）等の善行」だけが神への「御奉公」ではなく、「城内そこ〱の普請」や「ゑれじよ（異教徒）ふせく（防）手立」、「武具の嗜」に念を入れることも神への「御奉公」であるとする。また、第三条では、現世は一時であり、城内の人びとのそれはますます短いものであるから、昼夜怠りなくこれまでの悪行への「御後悔」や「日日の御礼、おらしよ等の御祈念」に専念せよとする。そして、第五条では、「不用油断の科」に注意し、殊に今は「くわれすま（四旬節）の内」という大事な時分なので、自分の持ち場をしっかりと堅め、「御奉公」するべきであるという。人によっては小屋に引きこもり、少しの隙にくつろいでいる者もいるようだが、それでは神へ奉公する機会を失うことになり、もったいないことであるとする。

このように、全体を通して、この「法度書」は神の「御慈悲」「御恩」に報いるために、神への「御奉公」を強調する。これは、二月十七日付で松平信綱に従って従軍した中坊長兵衛が大坂町奉行に宛てた書状に、原城から落ちてきた者が「城内にてひしに仕候が、でいうすへ之御奉公にて候」(九〇一頁)と語ったとされることと符合する。一揆集団が籠城し、幕府軍に抵抗するのは、神への「御奉公」なのである。

しかし、この『四郎法度書』にも、一揆集団がキリシタン信仰の希薄な者や非キリシタンを含めた混成集団であることを意識した条文がある。

第四条では、計り知れない神の「御恩」を蒙りながら、親類や周囲の者の意見に背き、わがままを通している者もいるようだが、これは堪忍やへりくだりの欠如から起こっているのであるから、互いを大切に思って意見を交わすべきであるといっている。その上で、城内の者は「後世までの友達」であるので、それぞれの忠告に随うようにせよとしているのは、やはり一揆集団が一枚岩でないことを如実に示している。また、第七条で、薪を取りに行くとか、水を汲みに行くとかといって、城外へ出る者もいると聞くが、堅く禁止するとし、持ち場の責任者が吟味せよとするのも、落人が出ていることを一揆の指導者が自覚している証拠であり、一揆勢が混成集団であることを示すものである。

その上で、第六条では、これらに納得しない者は「天狗の法」にまかせ、命を落とすことになるとし、キリシタン信仰を疎(おろそ)かにする者を牽制している。そして、最後の第八条で、以上の条々を一人一人が納得するよう持ち場の責任者から申し聞かせよとした上で、「堪忍」「へりくたり」「善」に努め、「てうす（神）へ御祈念」を行えば神の「御慈悲」を蒙ることは間違いないとする。

幕府軍に従軍した長谷川源右衛門の書留には、二月十日に城内から歌が聞こえてきたとされ、その中に「あらありがたや、ばてれんの御かげで、よせしゆのくびをやれずんときりしたん」というのがあったという（八七一頁）。最後までキリシタン信仰を紐帯として結束している様子を窺うことができる。それだけキリシタン信仰に篤い者の集団と見ることもできなくはないが、右の『四郎法度書』と併せて考えてみると、そうでない者が含まれているからこそ、最後の最後までキリシタンの恩恵を強調していたと見るべきではないか。

キリシタンという神威を纏(まと)って結束を保とうとするのは、もともと多様な人びとを一つの集団としてまとめるため、一揆集団の正当性を図るための手段でもあったということだろう。混成集団だからこそ、キリシタンの神威が必要だったのである。

一揆集団の神威

ここで思い起こされるのは、中世以来、一揆とは神威を纏った集団であったことである。これまでの中世史研究で明らかにされてきたように、一揆契状・起請文を作成し、一味神水という儀式により、集団内の平等性と結束性を帯びた集団が一揆集団である。こうした手続きを経て、一揆集団は神威を帯びた集団になり、一揆が要求する正当性を確保したのである。そして、この伝統は、近世の百姓一揆に継承されたことも研究史が明らかにしてきたところである（青木美智男他編『一揆』全五巻、東京大学出版会、一九八一年）。

その移行期に展開した島原天草一揆では、史料を見る限り、中世以来の一揆の手続きを踏んで一揆集団が形成された様子は窺えない。中世以来の一般の一揆集団が神仏への誓いを立て、一味神水など一連の手続きを経て神仏の神威を纏った集団になるのであるから、キリシタンを紐帯とした島原天草一揆がこうした手続きをとらないのは当然ではある。その意味で、この一揆は日本史上、特殊な一揆であるように見える。しかし、島原天草一揆の場合はその神威の中身がキリシタンに置き換わったと見れば、この一揆が特殊な一揆だということにはならない。中近世の日本列島各地で展開した多くの一揆と同じように、島原天草一揆もまた神威を纏って一揆の正当化を図った一揆として位置づけることに無理はない。島原天草一揆はキリシタンが絡んだ一揆だから特殊に見えるのであって、神威を纏って一揆の正当化をはかるという共通性に注目するならば、この一揆だけを特殊視する必要はないのである。

先に見たように、キリシタン「立帰」りの前提には、彼らの棄教に対する後悔の念があった。自分たちが棄教したから、天候不順や領主苛政を招いて生活が立ちゆかなくなった、というのが彼らの思いであった。だとすれば、キリシタン信仰の保障と飢饉・苛政からの脱却とは不可分の関係にあり、少なくとも一揆勢の胸中では信仰の問題と経済の問題とは分けていなかったことになろう。キリシタン信仰の保障を求めることは、百姓の生活の保障を求めていくことでもある。一揆勢がキリシタンの神威を纏ったからといって、キリシタン信仰だけを問題にしているとはいえない。この一揆集団の論理には、キリシタン禁制の解除要求とともに、領主苛政への批判を含んでいると考えるべきである。

先に、一揆勢から仕掛けたことはないとする一揆勢の主張について、蜂起発端の経緯から、直接的には島原藩による信仰対象への侮辱や信仰弾圧を指していると指摘した。しかし、以上の考察から、狭義にはキリシタン弾圧を意味しているということだが、広義には領主苛政を含んでいることになるのではなかろうか。

天草四郎の実像とその役割

一揆の組織化

推戴された天草四郎

島原天草一揆の参加者数について明快に示すことは困難だが、原城籠城(はらろうじょう)者は三万七千人とする史料が多い。これは、幕府軍に内通して一揆勢に拘束されたが、原城落城時に幕府軍によって救出された山田右衛門作(えもさく)がそのように証言したからだとされる。実際は二万人を超える程度ではないかとする見解もある。しかし、それは一揆の後半で原城に籠城した人数であって、その段階で一揆から離脱した者も少なくなかったから、原城籠城人数を少ない方に見積もったとしても、三万人前後の百姓がこの一揆に参加したことは確実である。それだけ多くの人びとを動員するのは並大抵のことではない。

図12　天草四郎像（天草市立天草切支丹館所在）

図13　「天草四郎ゆかりの里」の碑（宇土市旭町江部所在）

混成集団としての一揆集団がいかにして結束したのか、というのは、この一揆の性格を考える上で重要な問題である。この点について、前章ではキリシタン信仰を紐帯とする一揆集団の論理から考えてみたが、本章では、その指導者の論理から検討してみよう。

前章で、キリシタンへの「立帰」りの背景には、キリシタンを棄教したことへの後悔があったと指摘した。天候不順や領主苛政による生活の窮乏は、キリシタンを棄教したことへの報いであったと考えたのである。そして、その転びキリシタンの「立帰」りの際、必ずといっていいほど登場する名前が、天草四郎である。

先にも見た、「かつさじゅわん」の署名で十月中旬に出回ったとされる「立帰」りを促す回状に、「天草四郎様と申ハ、天人にて御座候」（一一頁）とあって、一揆形成の最初から四郎が押し出されていることがわかる。熊本藩士道家七郎右衛門による藩への報告書には、十月末島原城を攻める一揆勢が宣伝した言葉として、「四郎殿と申て十七八ノ人天より御ふり候」（五一頁）とある。

また、十月三十日付で熊本藩宇土郡奉行小林十右衛門が同藩藩士に宛てた書状には、「江部村次兵衛わきニ居申候甚兵衛と申もの、むすこ四郎と申もの、天草ニ居申候、此もの親子にて切支丹ひろめ申由」（六一頁）とある。熊本藩領郡浦で熊本藩が捕らえた渡辺小左衛門を吟味したことにより得た情報である。小左衛門は四郎の親族で、一揆の頭取グループの一人でもある。これによれば、熊本藩領宇土郡江部村の次兵衛宅脇に甚兵衛とその息子四郎という者が暮らしており、今は天草に滞在していて、親子にてキリシタンを広めているという。これは、天草郡赤崎村庄屋森七右衛門の証言に、「今度きりしたんひろめ申者の事、肥後の内うと(宇土)の恵へ(江部)と申所ニ、長崎より罷越候ろう人甚兵衛と申者の子四郎と申もの、年十五ニ罷成候、此者有馬迄罷こし大矢野・上津浦までひろめ申候」(六四頁)とあるのと符合する。

「立帰」りの最初の段階から四郎が前面に押し出されていたのは、四郎が自分の意志で進めていったというよりも、四郎を取り巻く牢人たちの策動が強くはたらいた結果だと思われる。一揆終結後、三月二十九日付の証言の中で、山田右衛門作は次のようにいう。天草郡大矢野千束嶋に山居する五人の牢人たちが、寛永十四年六月頃より以下のことを申し触れ始めた。二十六年前に幕府により追放された「伴天連」が書き残した書物に、二十六年後一人の「善人」が出生するとあり、その子は習わないのに諸学をきわめているという。また、木にまんじゅうがなったり、「野山ニ白はたを立、諸人之頭ニくるすをたて」たり、空の雲が焼けるばかりか、「野も山も草も木もやけ」たりするという。そして、大矢野の四郎なる人物こそ、この「書物ニ引合かんかゑ（考）候へは、彼書物ニ少もたかわ（違）」ないから、彼らが四郎を尊崇させるよう人びとに宣伝したというのである（一〇四九頁）。

この予言を書き残した「伴天連」とは、天草の上津浦を拠点に宣教活動していた、イエズス会宣教師マルコス・フェラーロのことである。フェラーロは一五五六年頃イタリアのナポリ地方出身で、天正十四年（一五八六）来日し、天草など西九州を中心に活動していたが、慶長十九年（一六一四）マカオに追放され、一六二八年同地で没した（『日本キリスト教歴史大事典』教文館、一九八八年）。今のところフェラーロが書き残した書物は確認されていないが、右の予言は実際に天草で活動していた宣教師にまつわる伝承なだけに、真実味を帯びて流布していたのであろう。もちろん、そうした伝承そのものがキリシタン大名にかつて仕えていた牢人たちによって創作されたものであった可能性も否定できない。十一月六日付の宇土町博労（ばくろう）十兵衛・平作の証言にも、「四郎をていうすの再誕の様ニ申」したのは四郎親族の渡辺小左衛門であったという（一三六頁）。いずれにしても、こうした神秘的な伝承をもとに、周囲の牢人によって四郎は「ていうすの再誕」に祭り上げられたのである。

四郎の奇蹟譚と実像

島原有馬町の別当杢左衛門の覚書は、創作された四郎の奇蹟を次のように記している。

一　其時分大矢野村に益田四郎と申者、年十六歳にて名誉を致し候由、近国風聞仕候、此四郎稽古なしに読書を仕、諸経の講釈をいたし、軈て切支丹の世になり候よし申勧め、其証拠を見せ可ㇾ申とて天より鳩を招寄、手の上にて卵を生せ、夫を割て吉利支丹の経文を取出し見せ申候者、或は竹に雀のとまり居たるを枝折抔にいたし、万不思議なる事のみ仕、天草と有馬との間に有ㇾ之湯嶋と申嶋、海上を歩み渡り見せ申候よし、……（一一頁）

これによれば、大矢野村の益田四郎という者は、十六歳で不思議なことをすると近国で噂されていたという。この四郎は稽古することなしに読書や諸経の講釈をし、やがて「切支丹の世」になるとして周囲の人びとにこれを勧めたとする。そして、四郎はその証拠を見せようと、空から鳩を招き寄せ、手の上でその鳩に卵を生ませ、それを割って「吉利支丹の経文」を取り出して見せたという。あるいは、竹に雀のとまっているのを枝折りにしてみたり、すべて不思議なことだけを行っていたとする。さらに四郎は、天草と有馬（島原）の間にある湯嶋という島まで、海上を歩いて渡って見せたというのである。いずれも

図14　赤崎海岸（天草）から望む湯嶋

荒唐無稽な奇蹟譚ではあるが、一揆の組織化を進める牢人たちにとって、フェラーロの予言に真実味を加えるためには必要なフィクションだったのだろう。

一方、熊本藩に捕らえられた四郎の母親の証言では、四郎について次のようにいう。すなわち、四郎は小西行長旧臣、益田甚兵衛の子時貞といい、年齢は十六歳、九歳から手習いに三年、学問に五・六年励んだとする。そして、長崎に遊学した経験を持ったが、京坂には行ったことがなく、寛永十四年の九月末から十月十日頃までの間に天草の大矢野村へ移動したという（七九四～七九五頁）。

京坂には行ったことがないとするものの、

長崎遊学の経験を持つことができたというのは、もちろん村社会では上層の者には違いない。しかし、この母親の証言からは不思議な能力を持つ少年という印象はほとんどなく、十代半ばのごく普通の少年の姿しか思い浮かばない。そのような普通の少年が、いくら奇蹟を起こすと宣伝されたとしても、数万の人びとを動員する力を持つことができたのはなぜだろうか。牢人の宣伝力がいかに強かったとしても、単純に彼らの策動のみでは説明できないのではないか。

動かない四郎

実は四郎みずからが「立帰」りを促す活動を行っていたことを示す確実な史料はない。島原藩士佐野弥七左衛門が書き残した記録には、一揆に先立つ十月二十二日に「(茂木村大庄屋)惣兵衛は右衛門四郎(惣兵衛次男)を天草へ遣し、増田四郎に対面致させ吉利支丹の仏を申請帰候由」とあり、翌二十三日には「(有馬村)百姓三吉・覚内と申両人の者、天草領大矢野村へ参、増田四郎に授けられ伴天連に罷成、吉利支丹の絵を持来り、己か家に飾置、宗門に勧め入候」(以上、一一～一二頁)とある。いずれも天草郡大矢野村にいる四郎のもとへ「立帰」りキリシタンが尋ねていき、「吉利支丹の仏」や「吉利支丹の絵」をもらい受けて帰った上で、周囲の者へキリシタンの信仰を勧めていたとされる。

また、山田右衛門作の証言には、一揆勢が島原城に攻め入った後、相談の上「四郎守立、宗門之司ニ可レ用」と四郎のところに使いを送り、「先年宗門ころひ、後悔ニ存候間、今度四郎をきりしたんの大将ニ仕り、宗門取立可レ申」（以上、一〇五〇頁）として、四郎に「きりしたんの大将」になることを要請したとある。

四郎が先頭に立って一揆の指揮をとっていたというのも疑わしい。確かに、佐野弥七左衛門の記録には十月二十六日の項に、「其屋敷には一揆の惣大将増田四郎楯籠り道筋に逆(さか)茂木(もぎ)をひき」とか「増田四郎千五百余人を引率し（島原城の）大手筋へ寄来候」（以上、二七〜二八頁）とあるように、四郎がみずから一揆勢を率いて戦闘したとする史料もなくはない。しかし、これは後にまとめられた記録であって、実際に人びとの「立帰」りから一揆の初期段階までは、四郎が島原・天草各地に出回っていたかどうかは疑問である。

十一月二日付で幕府の豊後目付(ぶんごめつけ)林丹波守・牧野伝蔵が大坂城代らに宛てた書状の中で、現地に遣わした使者の言葉として、「四郎義はゐ申候もゐ不レ申候もしれ不レ申候」と報告しているように、四郎の所在は誰にもつかめていなかった。同じ書状の中で、「天草四郎と申きりしたん大将、天草より参候へハ、豊後守代(松倉重政)にころび申候きりしたん共立あかり候と風聞御座候」、「天草ニ而(て)も四郎出候と風聞御座候」（以上、一〇四頁）とあるのは、島原・天草に四郎が現れたというのはあくまで風聞であって、確実な情報ではないことを如実に示している。

棄教の後悔を癒す四郎

以上のように、四郎が一揆の組織化過程において重要な役割を果たしたことは確実である。しかし、四郎みずから「立帰」りを促していったり、先頭に立って一揆を指揮するということもなかった。みずから動かない四郎に対して、数万の人びとがしたがったのは、牢人の策動がはたらいた結果というよりは、四郎の奇蹟が「先年宗門ころひ、後悔ニ存」じている転びキリシタンの心を癒してくれたからではないか。彼らが棄教に対する後悔の念を抱いていたところへ、牢人たちにより四郎の奇蹟譚が宣伝された結果、四郎にすがりつこうとする雰囲気が醸成された。それだけ彼らの後悔の念が強かったということだろうが、それに四郎が応答したということなのだろう。

創作された四郎像は、確かにかつてキリシタン大名に仕えていた牢人たちの策動が生み出した虚像であったが、棄教したことに対する転びキリシタンの後悔の念を癒してくれる役割を担った。四郎の虚像は、牢人たちの策動と棄教に対する転びキリシタンの後悔の念を癒すのに必要とされたことで支持され、膨張したのである。

島原・天草における攻防

一揆の展開を通じて、史料には四郎の名前が登場する機会は少なくない。しかし、この間の四郎自身の動向はというと、実はほとんど不明である。

動向の見えない四郎

ここでは、一揆が起こった初期段階で熊本藩に拘束された、四郎の親族の渡辺小左衛門・瀬戸小兵衛をめぐる動向に注目しよう。

小左衛門は天草の大矢野村から熊本藩領宇土郡江部村へ向かっていたが、十月三十日同郡郡浦村にて捕縛された。このとき大矢野千束島の乙名であった、関戸杢右衛門が一揆後に書き記した（寛永十五年八月十一日付郡浦村庄屋彦左衛門宛）証言によれば、「四郎母・姉一門宇土ニ罷居申候を呼取可レ申たくミを色々仕候所ニ、大矢野の庄屋小左衛門・同小兵衛両人宇土へ罷越、何様たばかり、宇土町ニ火かけ、其紛ニ四郎母姉幷一門を盗取可㆑申」（一〇九一頁）とある。小左衛門らが郡浦村方面にやってきたのは宇土町に火をかけ、その混乱に乗じて江部村にいる四郎の母・姉一族を天草大矢野へ迎えるためであったという。杢右衛門は、一揆勢が原城籠城（はらろうじょう）のため島原半島に移るときに一族あげて熊本藩領に欠落（かけおち）し、右のような一揆内部の貴重な証言を残した。

熊本藩は小左衛門の証言に基づいて四郎の親族を捕らえた上で、早速四郎と父甚兵衛を江部村へ呼び戻そうと大矢野に使者を送った。ところがそれに対して、十一月三日付で甚兵衛に宛てた江部村庄屋次兵衛の書状には、「四郎ひせんかさ（皮癬瘡）煩申（わずらいもうし）候とてもどり不㆑被㆑申候」と返答されたとあり、これに対して次兵衛は同書状で甚兵衛・四郎が戻ってこなければ「我等共迷惑」で「まきそへニ成」るとの不満を表明している。同日付で、甚兵衛・四郎の江部村召喚を促す、甚兵衛宛ての渡辺小左衛門・瀬戸小兵衛の書状も添えられた（以上、一〇九～一一〇頁）が、これらが熊本藩によって書かされたものであるのは容易に想像できる。この二通の書状は、郡浦村隣村の戸馳（とばせ）村庄屋小左衛門を仲介者として渡辺小左衛門の父伝兵衛へ、甚兵衛・四郎に渡してくれるよう託された。使者の役割を命じられた戸馳村庄屋小左衛門は、確かに責任をもって届けること、口外しないことなどを誓約した起請文まで書いている（以上、一一五～一一七頁）。

これに対して返事が来なかったので、十一月九日付で渡辺伝兵衛に宛てた、戸馳村庄屋小左衛門と渡辺小左衛門のそれぞれの書状、および甚兵衛・四郎宛ての渡辺小左衛門・瀬戸小兵衛の書状、都合三通を再度送って江部村帰村を促した（一七六～一七七頁）。これには翌十日付で、江部村庄屋次兵衛、戸馳村庄屋小左衛門、渡辺小左衛門・瀬戸小兵衛、それぞれに宛てて都合三通、渡辺伝兵衛から返事が来た（一九一～一九三頁）。しかし、そこには「用事御座候而、長崎へ被二罷越一候」などとあって、四郎親子は長崎に行ったので今は大矢野にはいないとのことであった。いずれにしても、結局、甚兵衛・四郎から直接の回答はなく、渡辺小左衛門や四郎の母・姉が熊本藩に拘束されたことに対してどのような感情を持ったのか、四郎の肉声を聞くことはできない。

しかし、渡辺小左衛門らの捕縛に貢献した郡浦村庄屋彦左衛門の一揆後の証言は、捕らえられた渡辺小左衛門・瀬戸小兵衛を取り返すため、大矢野から一揆勢が郡浦村に夜討ちを仕掛けようとした事実を伝えている。彦左衛門は、先の関口杢右衛門の証言と、大矢野の様子を偵察させていた戸馳村庄屋小左衛門からの報告に基づき、大矢野の一揆勢の様子と郡浦の様子とを織り交ぜて、次のようにいう。郡浦では、大矢野の人数は千五百人ほどで、その内の五百人は大矢野に残るだろうから、差し引き千人が夜討ちに来ると推測していた。一方、郡浦では渡辺小左衛門らの熊本への護送で、多人数を付けて送り出したため、そのとき村に残っていたのは五、六十人ほどしかいなかったという。これではとても勝ち目はない、いったん郡浦を退こうという者がいたが、彦左衛門はそれでは命が助かっても仕方がないので、討ち死に覚悟で一揆勢をここで迎え撃つべきだと主張した。そこに熊本藩士河喜多九太夫がやってきて、相談した結果、一揆勢に村を破られたら熊本藩に疵を付けることになってしまうので、何か工夫して一揆勢を追い返すことにした。すなわち、短く切った火縄に火を付けたものをたくさん用意し、それを竹に挟んで海岸沿いに並べ立てた上、山やまには篝火を焚いておくというものであった。切火縄をときどき動かせば大量の鉄砲のように見える。こうして、一揆勢は郡浦の海岸に近づくこともできず、夜討ちは実行できなかったという。

このとき、郡浦に派遣された河喜多九太夫と郡奉行永良彦太夫は彦左衛門の妻に対して子どもを連れて避難せよと命じたが、彦左衛門の妻はそれを拒否した。彼女がいうには、女であっても家を捨てて避難しても仕方ないことであるとし、もし「敵取懸け申候ハヽ、次男文十郎と申三歳ニ成候を指殺、家ニ火をかけ申覚悟」であるという（以上、八〇～八四頁)。

この証言は、彦左衛門の功績をアピールするためのものでもあるので、その点誇張されているところがあることに注意が必要だが、隣接する天草大矢野と熊本藩領郡浦の間の緊張関係が窺える重要な史料である。一揆勢が拘束された四郎の一族を取り返そうと積極的に行動を起こしていたことは確かで、そうした一揆勢の動きに四郎の感情を感じ取ることはできる。

熊本藩が四郎親子を早く江部村に戻したいと思ったのは、一つには、四郎親子を天草から引き離すことがこの一揆を早期に収める有効な手段だと認識していたからだろう。しかし、それ以上に、十一月一日付で熊本藩家老が藩主実弟の細川立允に宛てた書状に、四郎親子が「忍候而参、御国の者を催可レ申と仕躰ニ御座候」(八七頁)とか、同日付の同藩郡奉行触状に、四郎親子が「御国江参、切支丹之ひろめ」(八八頁)を行うかもしれない、などとあるように、放っておくと密かに熊本藩領にやってきてキリシタンを広め、一揆を扇動するのではないか、との懸念を藩が強く持ったためである。動向を把握できない四郎親子は、熊本藩にとってそれほど不気味に見えたのだろう。

四郎、ついに動く

四郎親子は十一月十日頃まで天草大矢野にいて、動いた形跡がない。しかし、この前後、長崎に向かったという情報が熊本藩宇土郡奉行小林十右衛門・永良彦太夫のもとに入る。両名は四郎親子の動静を探らせていた戸馳村庄屋小左衛門からの情報を、同藩家老に宛てて次のようにしらせている。

十一月十一日付の書状によれば、「甚兵衛儀ハ五日以前ニ長崎へ参申候由」と聞いているが、「四郎儀ハ大矢野村ニ居申候由」であるという。それは「其他脇わきのもの共」が、「四郎を少もはなし申間敷由」であるからだという。そこで、四郎が「長崎ニ参可レ申哉」と申したところ、四郎を取り巻く周囲の「大矢野之者共」は、四郎が長崎へ参るのであれば、「弐百人計(ばかり)有無ニ供可レ仕」（以上、二〇六頁）と、ぜひとも二百人くらいの者が供をするといったという。確かに、

図15　「天草の乱激戦之跡」の碑
（奥に見えるのが国指定重要文化財の祇園橋、天草市船之尾町所在）

ここまで四郎は大矢野から動いていなかった様子が窺える。

ところが、翌十二日付の書状では、「甚兵衛・四郎儀長崎へ参申とて、一昨夜大矢野村を親子共に罷出候」（二二四頁）とあって、十日の夜に四郎は甚兵衛とともに大矢野を出て長崎に向かったとされる。情報源は同じ戸馳村庄屋小左衛門だろうが、日付からすれば後者の情報の方が精度は高いものと思われる。いずれにしても、十一月十日前後に四郎親子が長崎に移動したのは確かだろう。

四郎親子が長崎を目指した理由については、山田右衛門作が次のように証言している。「長崎使をたて、宗門ニ可レ成候哉、又ハ成間敷候哉と申遣、宗門ニ不レ成者則長崎へおしよせ、火をかけ打ころし、それより嶋原之城へ取懸可レ然由」とあるように、キリシタン信仰を勧めて、同意しない者に「火をかけ打ころ」すと脅し、それから再び島原城へ攻め入るつもりであったという。長崎やその周囲にはかつてキリシタンであった者が多数いたであろうから、そうした者たちに「立帰」りを促し、一揆に加勢させようとしたのだろう。また、長崎からポルトガルの援軍を求める算段もあったかもしれない。

ところが、四郎は唐津藩の軍勢が天草へ派遣されるという情報を得て、長崎行きをやめている。右衛門作の証言によれば、四郎は島原一揆勢の一部を引き連れ天草上津浦へ上陸

図16　三宅藤兵衛の墓（天草市本渡町広瀬所在）

の上、天草一揆勢に合流したという。それは、唐津（からつ）藩本藩の軍勢が押し寄せてきたので、四郎方へ天草一揆勢に加勢してほしいとの要請があったからである。そこで、四郎は「長崎へ参候儀者指置、千五百程ニ而（て）、上津浦之人数ヲ上ニ立、本戸（ほんど）ニ而（三宅藤兵衛ヲ討取申、其より二日間置、冨岡之城へ取懸」った（以上、一〇五〇頁）という。

この間、天草で四郎を目撃したという証言がある。久留米城下の商人、洗切（あらいきり）町の与四右衛門のそれである。久留米藩の吟味に答えた、十一月二十二日付の覚書には、「私事、大膳に逢申候時、四郎を見申候事」とあって四郎を確かに見たといっている。ここにいう大膳とは、与四右衛門が島原に来るとき定宿としている、島原藩領大江村に住む取引先か既知の者で、一揆勢に加わっている一人である。与四右衛門は十月十四日洗切町を出て、天草の本戸に滞在していたが、一揆に巻き込まれ、大膳の子大蔵の計らいで十一月十六日に天草を脱出した。大膳は四郎が乗った船の船頭をしていたといい、四郎は、島原から天草に渡ってくると「舟よりあかり、其ま丶馬にの」ったとする。さらに、「四郎出立ハ、つねのきる物の上に白き綾をき、たちつけをき、かしらニハ苧（お）を以（もって）みつくみにしてあて緒をつけ、のと下にてとめ、ひたいにちいさき字（十文字）をたて申、手ニハ御へいを持て惣勢下知仕候事」とある。これによれば、四郎は白い綾の着物に裁着袴（たつつけばかま）をはいて、頭に苧で三つ編みに編んだ緒をつけ、それをのど元でとめている、額には小さな十字を立て、手に御幣（ごへい）をもって一揆勢を指揮していた（以上、三六二～三六四頁）、というのである。

これが当事者でない者の唯一の目撃証言である。信憑性については何ともいえないが、四郎が天草に渡っていたとすれば、与四右衛門が目撃したとしても不思議ではない。ほぼ正確に一揆時の四郎の姿を描写していると考えるとすると、軍勢を率いる総大将というより、むしろ宗教者の出で立ちという印象である。

与四右衛門の覚書には、十一日の動向として、唐津藩の軍勢が本戸に着陣したとき、四郎が「乙名上津浦村ニ居申源大夫と申者を遣」し、「いつまてか様ニのひ〳〵に被」成候哉」と唐津藩兵を挑発していた様子が描かれている。そして、一揆勢は「手を合せ拝み罷居候迄」のことだから、「早々此方に御取懸候へ」とか「早々御しかけ被」成候へ」などと唐津藩兵をけしかけたという（以上、三六三頁）。

先の宇土郡奉行の書状では、四郎は十日の夜に大矢野から長崎に向かったというから、十一日に天草の本戸でこのような指示ができたかどうかは微妙である。時間的にかなり厳しいように思われるので、これは四郎の行為というよりも、実際に一揆の指揮をとる指導者が四郎の行為に仮託して行ったものと考えた方がよいだろう。

この後の富岡城攻撃の際の四郎の動向はまったく不明であることを念頭に置いても、島原・天草における一揆勢と藩兵との攻防戦において、戦闘の指揮をとっていたかどうかは疑問である。むしろ、四郎は宗教者として一揆勢の統合の役割を担っており、四郎の存在そのものが一揆勢の結束の源泉となっていたものと思われる。

原城籠城

計画になかった原城籠城

山田右衛門作の証言によれば、四郎が率いる一揆勢は、富岡城の「二丸迄おしこ」んだが、「乗取申儀者不二罷成一」として富岡城を落とすことはできなかった。結局、四郎は天草から島原に「引取申候而、則嶋原ノ内口津町へ」退いた（一〇五〇頁）という。それは、十一月二十八日付で熊本藩士山路太郎兵衛・荒木助左衛門が同藩家老に宛てた書状によれば、二十五日か二十六日のことだという。同藩領に落ちてきた天草の者による情報として、「大矢野・かうつら（上津浦）両所のきりしたんハ此廿五六日の間に嶋原へつほみ申候、……四郎も嶋原ニ越候由」（四二三頁）とのことであった。

図17　幕府軍陣地方面から望む原城跡

その後、一揆勢はよく知られているように原城に籠城するのだが、山田右衛門作の証言には、その経緯について次のようにある。「長門守（松倉勝家）江戸より嶋原之城へ参著（着）之由、其上鍋嶋（鍋島勝茂）先手ノ人数からこと（唐比）申所ニ参候由」との情報を四郎が知り、そして「おとろき」、「原の城へ取込可レ申之由、談合相究」めたという。つまり、四郎は、松倉氏ばかりでなく、鍋島氏などの軍勢が仕向けられていることを知って驚き、指導者と相談の上、原城に立て籠もることに決めたとされる。そして、十二月一日より食糧を原城に運び込み、三日には四郎が入城した（以上、一〇五〇頁）という。

原城籠城は偶然的要素が強かったことを

図18　復原された富岡城

図19　富 岡 城 石 垣

示唆する右衛門作の証言は、十二月十九日付の渡辺小左衛門の証言でも確認できる。小左衛門は、「城をかまへ仕事も小左衛門居申内ハ、何共ひやうぢやう無二御座一候」と証言し、一揆の初発の段階では原城籠城は計画になかったと明言している。そして、同じ証言では、「有馬はるの城、前かとより拵立籠（こしらえたてこも）リ可レ申筈とハ不レ承候、実俄の事に而可レ有二御座一かと存候事」（以上、五六八頁）ともあり、原城籠城は一揆を取り巻く情勢変化の中で、急に決定されたことであったと思われる。先に籠城は相手の暴力から避難するための手段であったと指摘したが、籠城が初めから計画されていたわけでなかったとの証言はこれを裏づける。幕府軍が一揆を鎮圧に来ると知った段階で、一揆の指導者は籠城を決定したということである。

それまで、幕府の許可なく支配領域を越えて軍隊を動かしてはならないとする幕令にしたがって、熊本藩のような島原・天草周辺の諸藩はただ情報を集めて推移を見守るしかなかった。一揆勢は、それに乗じて勢力を拡大することができたともいえる。しかし、一揆勢が島原城・富岡城を攻めあぐんでいる間に、その状況が大きく変わったのである。

原城のなかの四郎

籠城が即、殉教を覚悟するというのでなかったことも先に指摘した通りである。もちろん、殉教の精神で籠城した者もいたであろうが、キリシタン信仰の希薄な者や、信仰を強制された非キリシタンなど、日常生活への復帰を願って籠城した者も多数いた。そのような混成集団が籠城を維持するためには、その結束を保持する手段が必要であった。その役割を担ったのも、やはり四郎であった。

十二月二十五日付の記録に見える、城からの落人の証言によると、四郎は「頭の毛赤ク御座候、本丸ニ罷在候、此度(このたび)取詰候而、已後(いご)一度二度二ノ丸迄出申候由」(六〇三頁)とあり、髪の毛が赤く、本丸にいて、籠城後、二の丸まで出てきたのは一度か二度しかなかった、という。

久留米藩が十二月二十五日に捕らえた、別の落人によれば、毎日二・三度ずつ四郎から城中へ使者が廻り、それぞれの持ち場を固めなさい、そうでなければ「天上」へは行けず「地獄」に落ちる、と触れられたという。その上で、「籠り候てより以後四郎ハ不二罷出一候、名代島原ニ有レ之候絵書右衛門作と嶋原浪人忠右衛門と申者両人四郎印を持せ廻候」(六〇八頁)とあるように、籠城してから四郎は人前には出ず、名代として右衛門作と忠右衛門の二人を「四郎印」を持たせて四郎の言葉を触れ回らせていたという。

熊本藩主細川忠利の実弟細川立允(ほそかわりゅういん)の家老志方半兵衛(しかたはんべえ)が、十二月二十九日付で記した記録には、次のようにある。二十四日に落ちてきた者によれば、四郎の父親甚兵衛が具足(ぐそく)を

図20　天草四郎陣中旗
（天草市立天草切支丹館所蔵）

図21　鈴木重成像
（富岡城跡内所在）

着け馬に乗り、城中に下知していたとし、四郎は「本丸の内ニ寺を立天守ニ居」り、「(信仰の)すゝめをなし」ていた(六二一頁)という。四郎は人の目にさらされることなく、もっぱら祈りを捧げる日々であったと思われる。そして、その姿は、松平信綱にしたがって従軍し、一揆後天草代官としてその復興に尽力した鈴木重成が、一月七日付で大坂城代らに宛てた書状で、次のように伝えていることからも裏づけられる。すなわち、落人によれば、四郎は「年十五六之由」で城中の者から崇められており、その様子は「六条之門跡より上ときこへ」、城内の「下々之者ハかしらをあけ申見事も不罷成、おそれ」られている(六七五頁)という。四郎は城内の一揆勢から崇敬される対象として、揺るぎない位置にいたのである。

抵抗の力と大量の犠牲

以上、見てきたように、キリシタンへの「立帰」りや一揆の組織化の段階から、島原・天草双方の攻防を経て、原城籠城・落城にいたるまで、一揆の全段階を通じて、四郎の意志は史料上、ほとんど窺えない。どの局面においても、四郎が重要な役割を担っていたことは確かだが、その中で四郎の意志がどこまで反映されていたかは、まったくわからないのである。二月一日付で渡辺小左衛門・瀬戸小兵衛が渡辺伝兵衛他城内へ宛てた書状で、原城を攻める幕府軍の中にも、「四郎が名をかり取立申もの共可レ有レ之」（八二四頁）との感想がもれていたことが記されている。

一揆形成のため、牢人の策動があったことは間違いない。しかし、その前提には、棄教への後悔が転びキリシタンに広く沈殿しているという状況があった。そこに、「立帰」りを促す牢人の策動が重なったことが、一揆形成への道筋であった。したがって、彼らの棄教に対する後悔の念こそが一揆形成の原動力であったのだが、一揆勢は実際にはキリシタン信仰の弱い者や参加を強制された非キリシタンを含む、混成集団であった。四郎は、そのような混成集団がキリシタンの神威を纏って正当化をはかり、その統合を維持するための象徴であった。細川忠興は、忠利に宛てた三月一日付書状の中で、「四郎古今有ましききとく（奇特）なる者」と称賛し、四郎を助けて（別の戦争の）先陣を申し付けてもてあますことはないだろうとの感想をもらしている。大名の中には、「とかく常の人間とハ見へ」ない四郎（以上、九八七頁）の不思議な力に、敬服の念さえ起こっていたということである。

一揆の実際の戦略を指揮する役割ではなく、一揆勢を統合する象徴としての四郎がいたからこそ、幕府軍に対する抵抗に大きな力を発揮した。しかし、その一方で、一様でない一揆集団をキリシタンの神威のもとに統合する四郎の存在は、一揆勢を極限まで幕府軍との戦闘に駆り立て、その結果、大量の犠牲者を生むことになったのも確かである。四郎が

図22　原城本丸の攻防戦（『島原陣図屛風』より、秋月郷土館所蔵）

図23　原城大江丸の惨状（同前）

そうした悲劇を体現する存在でもあったことを忘れてはならないと思う。吉村豊雄氏は、岡田章雄著『天草四郎』（吉川弘文館、一九六〇年）が「首実検―最後まで登場しなかった主役―」で最終章を締めくくっていることに対して、四郎が確実な史料によっては「最後まで登場しなかった」ことは何を意味するのか問われていない、と指摘している（「『天草四郎』像の再構成」『熊本歴史叢書4　近世　藩政下の傑物民衆』熊本日日新聞社、二〇〇三年）。それに対する本書の答えは、四郎は一揆勢の精神的象徴であって、そのことが堅固な抵抗とともに悲惨な犠牲を生み出した、としておきたい。象徴とは、抵抗と犠牲の両面を喚起する役割を持つということである。

島原天草一揆の終わり方

キリシタン禁制史における島原天草一揆

島原天草一揆を画期に何がどう変わったのか。本章では、この一揆がその後の近世人にどのような影響を与えたのかを検討する前提として、この一揆の終結の意味を考えてみよう。

キリシタンをどう表記するか

キリシタンは近世期、「切支丹」と表記されるのが一般的であったが、初めからそうだったわけではない。島原天草一揆前後の十七世紀における関係法令を見ると、実はこの一揆が画期となっていることがわかる。

表1は、豊臣秀吉発令以降、島原天草一揆後までの幕府のキリシタン関係法令における、キリシタンの表記についてまとめたものである。一覧してわかるように、寛永(かんえい)十五年（一

表1　キリシタン関係法令年表

年　月　日	史　料　名	キリシタンを示す文言
天正15年(1587) 6月18日	覚	伴天連門徒
19日	定・伴天連追放令	
慶長17年(1612) 8月6日	条々	伴天連門徒
18年(1614) 12月	伴天連追放文	
元和2年(1616) 8月8日	伴天連宗門御制禁奉書	伴天連之門徒
寛永5年(1628) 5月	覚	吉利支丹・きりしたん
10年(1633) 2月28日	長崎奉行江之奉書覚	伴天連宗旨
11年(1634) 5月28日	長崎条々 長崎制札禁制	伴天連之宗旨
12年(1635) 9月	触書	伴天連并きりしたん宗旨
	長崎条々	伴天連之宗旨
13年(1636) 5月19日	定	吉利支丹宗旨・伴天連法
15年(1638) 9月13日	覚	きりしたん
20日	触書	伴天連門徒
12月1日	切支丹御法度之儀ニ付上意之趣	きりしたん宗門
16年(1639) 2月21日	御条目覚	きりしたん宗門
7月5日	条々	切支丹宗門
	切支丹之儀ニ付浦々御仕置	きりしたん之宗門
18年(1641) 5月	上意之趣	切支丹
	触書	きりしたん宗門
19年(1642) 5月	今度暇被下大小名ニ仰出之趣	切支丹宗門
	郷村諸法度	切支丹

（出典）　大橋幸泰『キリシタン民衆史の研究』（東京堂出版、2001年）をもとに作成。なお、「キリシタンを示す文言」が空欄の法令は、指導者を意味する「伴天連」の語のみでキリシタン一般を指す語を含んでいないものである。

六三八）以前に「きりしたん」の表記がないわけではないが、「伴天連門徒（バテレンもんと）」あるいは「伴天連之宗旨」という表記の方が圧倒的に多い。「伴天連」とは、神父を意味するポルトガル語のパードレ（padre）が日本語化したもので宣教師を指す。ただし、弾圧によって宣教師が殉教したり、国外に退去したりして少数になっていったということもあって、「伴天連」は宣教師だけを指すのではなく、土豪層のキリシタンを含めてキリシタン指導者全般を指していたものと思われる。というのは、キリシタンの指導層である武士身分の信徒がしばしば「伴天連」と呼ばれているからである。

たとえば、天正十五年（一五八七）六月十八日付で秀吉が発令した「覚」では、「弐百町二三千貫ゟ（より）上之者、伴天連ニ成候ニおゐテハ」とあって、一定の知行（ちぎょう）を受けている武士がキリシタンになることが「伴天連ニ成」ると表現されている。その上で、武士が「伴天連」になるには公儀の許可が必要だとされているのである。この法令は、第一条に「伴天連門徒之儀ハ、其者之可レ為二心次第一事」とあるように、基本的にはキリシタンを信仰することについてその者の心次第である立場をとっており、特に第九条で「下々」の者が信仰するのは「八宗九宗之儀」であるので構わないと明言している。翌日十九日付で発令された宣教師追放令も宣教師の国外退去を命じているものであっても、禁教を宣言したものではない。このことを併せて考えると、秀吉の姿勢としては、宣教師とともに武士のようなキリシタンの指導者こそ規制の標的であったと思われる。

「伴天連門徒」から「切支丹」へ

江戸幕府のキリシタン関係法令はもちろん百姓を含め、あらゆる階層を対象とした禁止令であるが、実際、弾圧にともなって生まれた殉教者は、宣教師の記録によれば比較的「身分」の「高い」者であったとされる。たとえば、宣教師ペドゥロ・モレホンが書いた『日本殉教録』（佐久間正訳、『キリシタン文化研究シリーズ』一〇、キリシタン文化研究会、一九七四年）に見える島原の殉教者はこんな具合である。レオン・キタ・キュウザエモン「身分高く勇敢な武士」、トメ・オンダ・フェイビョーエ「有馬殿はこれほど忠実な身分の高い武将を失うのを遺憾に思って」、アドュリアン高橋主水（もんど）他数名「有馬殿が地位の高い人々の何人かを厳罰に処すれば」、ペドゥロ・ゴトー・シチロザエモン他一名「両名は有馬の近くの一村に住みその長であった」、トメ・ニエモン「トメはこの町の富裕で身分の高い一人だった」、トメ・カイセ「長年の間その村や近隣諸村のキリシタンの師であり長であって」、ドミンゴ・エミナ「すべての人々の父親と考えられ、堅固な信仰心の模範的人物であり」、ジョルジ赤星「身分が高く、その国で最も勇敢な武士の一人と考えられていた」、フォン・ヒラオ・ハンエモン他一名「これは有馬殿の家来であった身分の高い四人で」、などとある。

これらの記述には、殉教者がいかに責任ある立場の者かを強調しているところがあることは否定できない。しかし、内容から考えると、これらはかつて島原の領主であった、キリシタン大名有馬晴信（ありまはるのぶ）に仕えていた土豪層であり、彼らこそこの地域のキリシタン指導者であった。

このように、一六三〇年代までキリシタン禁制の重点対象は、その指導者に向けられていたものと思われる。寛永十五年までのキリシタン関係法令でキリシタンを「伴天連門徒」と表記しているのは、この時期のキリシタン禁制が「伴天連」に規制の重点があったからである。つまり、島原天草一揆が起こるまでは、幕藩権力にとってキリシタンとは、キリシタン指導者である「伴天連」の勢力下にある「門徒」という認識であった。

幕藩権力が「伴天連」を徹底的に弾圧した結果、「伴天連門徒」は消滅したはずであった。しかし、島原天草一揆が起こり、幕藩権力はキリシタンに対して認識を新たにしなければならなくなった。それまでは、指導者である「伴天連」さえ押さえておけばよかったのだが、それでは不十分であるとの認識である。こうして、「伴天連」という指導者のいない百姓のキリシタンをいかに取り締まるかが、幕藩権力にとって課題となった。「伴天連門徒」から「切支丹」への変化は、単なる表記の変化というのではなく、キリシタンに対する幕藩権力の認識が大きく変わったということなのである。その画期をつくったのが、島原天草一揆であった。

初めは継続性のなかった宗門改

宗門改制度がキリシタン禁制を徹底する手段として設定された制度であることは、よく知られている。しかし、全国規模で檀那寺が人別に毎年キリシタンでないことを請け負う形で行われるようになったのは、寛文期（一六六〇年代）に入ってからのことである。この制度の成立についても、島原天草一揆が画期であるといってよい。その前の段階と後の段階ではその性格が大きく異なる。

表2は、十七世紀における宗門改の実施状況について三段階に分けて整理したものである。これによれば、島原天草一揆以前の一六三〇年代末までは、キリシタンでないことを誰が請け負うかという場合に、必ずしも寺僧が請け負うとは限らなかった。俗請けとあるものがそれで、村役人や家長がまとめて請け負うケースが珍しくなかった。一人一人個別に請け負っているとも限らず、毎年継続的に実施されていたということでもなかった。

もちろん寺僧が請け負う例や人別で行われる例もあったから、一六三〇年代まで宗門改

（表2つづき）

仙台藩	寺請による宗門改実施(1635)	寺請による宗門改実施(1659)	
秋田藩	俗請による宗門改実施(1624)	俗請による宗門改実施(1650以前～毎年)	寺請による宗門改実施(1671～毎年)
弘前藩			奉公人に寺請証文を要求(1663)、寺請による宗門改実施(1665～毎年)

（出典）大橋幸泰『キリシタン民衆史の研究』（東京堂出版、2001年）をもとに作成。

が人別形式で寺請けによって行われなかったということをいいたいのではない。宗門改が実施されていなかったところも珍しくなく、そうした未実施を含めて、この時期の宗門改は多様な形があり得たことをここでは確認したいのである。

宗門改制度の成立

ところが、一六四〇年代宗門改を継続的に実施するところが飛躍的に増え、人別で寺請けによって行われる形が多くなっていく。このような変化が見られるのは、間違いなく一六三〇年代末に島原天草一揆が起こったからである。厳しいキリシタン弾圧により潜伏状態を余儀なくされたキリシタン百姓が、再びキリシタンに「立帰」って一揆を結んで自己主張したという衝撃的な事件の影響で、幕藩領主はキリシタンを徹底して消滅させるための手段を改めて考えなければならなくなったのである。

（表2つづき）

小浜藩	寺請による宗門改実施(1635)	俗請による宗門改実施(1639以前～毎年)	
若狭藩			寺請による宗門改実施(1665～毎年)
金沢藩	寺請による宗門改実施(1630)	俗請による宗門改実施(1637)、寺請による宗門改実施(1639、43、44、49)	寺請による宗門改実施(1664～毎年)
幕領佐久郡下桜井村(信濃)		俗請による宗門改実施(1640)	
飯田藩		寺請による宗門改実施(1649)	
松本藩		寺請による宗門改実施(1642、50～毎年)	
高島藩			寺請による宗門改実施(1665)
善光寺領(信濃)			俗請による宗門改実施(1665～毎年)
高田藩		俗請による宗門改実施(1640)、寺請による宗門改実施(1645頃)、寺請による宗門改実施(1650)	
幕領橘樹郡小机村(相模)		寺請による宗門改実施(1639)	
幕領高座郡羽鳥村(相模)	寺請による宗門改実施(1635)	寺請による宗門改実施(1638、59)	寺請による宗門改実施(1665、69)
水戸藩		寺請による宗門改実施(1639、46、47、48)	寺請による宗門改実施(1662～3年目毎)
米沢藩		俗請による宗門改実施(1639、44以前～毎年)	寺請による宗門改実施(1665)
会津藩			寺請による宗門改実施(1665)

（表2つづき）

岡山藩		俗請による宗門改実施(1655以前～毎月)	奉公人に寺請証文を要求(1600)、寺請(神職請)による宗門改実施(1665～毎年、神職請=1666～)
尼崎藩		寺請による宗門改実施(1659)	
京　都	寺請による宗門改実施(1634)、すべての者から南蛮誓詞を徴収(1635)	他所者が屋敷買入の際、俗請証文を提出(1639)	
大　坂	寺請による宗門改実施(1634)	寺請による宗門改実施(1639～毎年、ただし、以後寺請証文を必要としたのは新規居住者のみ)	寺請による宗門改実施(1665～毎年、全居住民対象)
和歌山藩	寺請による宗門改実施(1631)、俗請による宗門改実施(1635)		寺請をともなう「総改」実施（1660、61、65）
田辺藩		(俗請による)宗門改実施(1644)、寺請による宗門改実施(1649以前～)	
名古屋藩		俗請による宗門改実施(1641)、武家奉公人に寺請証文を要求（1650）	寺請による宗門改実施(1661)、寺請による宗門改実施（1665～毎年2回)、寺請による宗門改実施(1668～毎年1回)
幕領安八郡楡俣村(美濃)		寺請による宗門改実施(1638)	
高須藩		引越人に寺請証文を要求(1659)	寺請による宗門改実施(1665～隔年)
加納藩			寺請による宗門改実施(1665～隔年)
大垣藩			寺請による宗門改実施(1661)
福井藩	俗請による宗門改実施(1630)		寺請による宗門改実施(1665～毎年)

表2　宗門改実施状況

地域	1620～30年代 (島原天草一揆前)	(島原天草一揆後) 1640～50年代	1660年代
鹿児島藩	手札による宗門改実施(1635)	俗請による宗門改実施(1649～毎年)	
熊本藩	熊本・八代で俗請による宗門改実施(1633)、寺請による宗門改実施(1634)	寺請による宗門改実施(1639～毎月)	
天草	寺請による宗門改実施(1633)		
大村藩	俗請・寺請による宗門改実施(1627)	俗請による宗門改実施(1639)、寺請による宗門改実施(1658～毎年2回)	
長崎	俗請による宗門改実施(1634以前～毎年)	寺請による宗門改実施(1641～毎年)	
佐賀藩	寺請による宗門改実施(1635)	寺請による宗門改実施(1639～毎年)	
五島藩		寺請による宗門改実施(1646)、宗門改実施(1647、57)	宗門改実施(1662)
岡藩			寺請による宗門改実施(1661～毎月)
臼杵藩		寺請による宗門改実施(1646)	
高松藩		寺請による宗門改実施(1644)	
萩藩			寺請による宗門改実施(1661～毎年2回)
鳥取藩		俗請による宗門改実施(1643)	寺請による宗門改実施(1665～毎年)
広島藩	尾道で俗請による宗門改実施(1633)、俗請による宗門改実施(1635)、すべての者から南蛮誓詞を徴収(1635)	(俗請による)宗門改実施(1639)、他所者に俗請証文を要求(1649)	寺請による宗門改実施(1661、1665～毎年)
福山藩		寺請による宗門改実施(1656以前～毎年、57～毎年2回)	

しかし、寺請けが多くなっていったとはいえ、なお俗請けのケースもある一方で、年に二回実施していた地域もあり、一六四〇年代以降一律に寺請けで人別に毎年一回実施するというようになったわけではない。この時期は、幕府も藩もキリシタン完全消滅のための手段を模索していた段階にあたる。幕府は井上政重を宗門改役に命じて全国の潜伏キリシタンに関する情報を集め、個別にそれぞれの藩と連絡をとって摘発を進めていった。藩は、そうした幕府の動向を念頭に置きつつ、みずからの失政を咎められないように独自に試行錯誤を重ねて、キリシタン完全消滅の方策を探っていたのである。

このような幕府と藩の試行錯誤の中、大村藩領で郡崩れと後に称されるようになるキリシタン露顕事件が発生したことを手始めに、美濃・尾張そして豊後で、それぞれ濃尾崩れ・豊後崩れと呼ばれる事件が一六五〇年代末から六〇年代にかけて起きる。これらを直接的な契機として、寺請けで人別に原則毎年一回宗門改を実施する宗門改制度が全国的に成立する。

この時期に幕府から発令された関係法令としては、万治二年（一六五九）諸藩に対して五人組と檀那寺の確認を、寛文四年（一六六四）諸藩に対して宗門改役の設置をそれぞれ命じ、寛文十一年幕府領に対して宗旨人別帳の作成を命じたものが知られているが、これらによっていっせいに宗門改制度が成立したわけではない。これらの内容は、多くの場合、法令発令以前にすでに諸藩が個別に試行錯誤してきていたのであり、それらを後追い的に徹底していくよう幕府が改めて追認していったものだったのである。したがって、一六六〇年代の宗門改制度の成立は、島原天草一揆の経験を重く受け止めた幕藩権力が、一六四〇年代以降いかにしてキリシタン禁制を徹底するか、試行錯誤してきたことの帰結であったといえよう。

キリシタン禁制史における島原天草一揆の画期性

キリシタン禁制が江戸幕府の重要な宗教政策であったことは、幕府が一六一〇年代からその方針をはっきり打ち出していたから疑う余地はない。しかし、幕府が指示したのはキリシタン禁制の大方針のみであって、どうやってそれを実現するかについては何も指示していなかった。少なくとも一六三〇年代までは、キリシタンを消滅させる手段は個別領主に任されており、領主の方針によってキリシタン禁制の徹底度は温度差があった。それはキリシタン信徒の密度の他、既存の宗教状況や領主の個性など、地域によって条件が異なっていたからである。

ところが、島原天草一揆が起こったことにより、キリシタン問題はもはや領主が個別に対応する問題ではなく、幕藩権力が国家秩序の規律化をはかるために一体となって徹底しなければならない問題となった。一六四〇年代以降、幕府が宗門改役井上政重を責任者として潜伏キリシタンの全国摘発を進めたのも、諸藩が宗門改の方法を模索したのも、その具体的な方策であった。

宗門改制度は、近世期を通じてもっとも重要な江戸幕府の民衆統制の手段であった。ただし、キリシタン禁制が打ち出された最初から宗門改がそのように機能することが決まっていたわけではなかった。個別領主にその徹底がまかされていた一六三〇年代までは、宗門改といっても恒常的に毎年行うというものでもなく、すべての民衆を統制する手段にはなり得なかった。これが制度としてすべての民衆を統制する手段となっていったのは、幕藩権力が島原天草一揆に衝撃を受けたからである。それは、島原天草一揆を契機として、「伴天連門徒」から「切支丹」へと、幕府のキリシタンに対する認識が転換したことと照応している（以上、拙著『キリシタン民衆史の研究』東京堂出版、二〇〇一年を参照）。

しかし、この一揆は単純にキリシタン一揆で終わったわけではない。その経緯について以下検討する。

キリシタン一揆で終わらなかった島原天草一揆

投降勧告

幕府軍は、最初の総責任者であった板倉重昌が元日の総攻撃で命を落とした後、松平信綱が指揮をとって二月二十七日に総攻撃を行うまで、原城に籠城する一揆勢に対して兵粮攻めを行った。この間の一月二十一日、信綱が混成集団としての一揆勢に向かって矢文を放ち、妻子を人質にされるなどして強引に改宗を迫られ一揆に加わった者に投降を呼びかけたことは、「島原天草一揆における女性」の章ですでに触れた。

従来の研究では、この投降勧告は一揆勢の結束を崩し、城内を動揺させようと試みた作為であるとの見方が一般的である。そうした側面がなかったとはいえないが、これにはもっと深遠な信綱の意図が含まれているのではないか、と筆者には思える。なぜならば、この投降勧告は単にかけ声だけで終わったのではなく、熊本藩に捕らえられて原城まで連行された四郎の親族と、参加を強制されて籠城している者との入れ替えが具体的に画策されていたからである。投降勧告は単に一揆勢の動揺を促すためだけではなく、一揆の終わらせ方という点で重要な意味を持っていたと思われるのである。

四郎親族との入れ替えを画策

四郎の親族と参加を強制された籠城者との入れ替えの申し入れは、二月一日と八日の二回、信綱の命により四郎の親族から直接一揆勢に申し入れる、という形で実行に移された。

まず、二月一日に四郎甥の小平が城内への使者に遣わされた。そのとき小平に託された、四郎の親族渡辺小左衛門（わたなべこざえもん）・瀬戸小兵衛の手紙には、信綱の言葉が伝えられている。それによれば、キリシタンについては赤ん坊でも死罪であるが、今度の一揆においてキリシタンでない者が無理にキリシタンを勧められて一揆に加わった者もいると聞いているので、それらについては助命するというのが将軍の意向であるという。その理由は、「とがなきもの」を討ち果たすのは「天下御仕置に相違」するからであるという。そこで、巻き添えになって、無理にキリシタンになることを強制された非キリシタンについては申すに及ばず、自分から望んでキリシタンになった者でも、今は後悔して投降し、キリシタンを捨てるならば、その者も赦免するという。城内の非キリシタンを城から解放すれば、それと引き替えに四郎の母・姉・妹・甥の四人を城中へ遣わすというのである。

同時に城内へもたらされた四郎の母「まるた」と姉「れしいな」の手紙には、「われ〳〵などすておかれ候て、永々めいはくなる仕合、なさけなくぞんし候、しろのうちにこもり申候せんちよ(ゼンチヨ)出され候はゞ、我々とも其もとへ被レ遣候はんとの御事候間、其心得可レ被レ成候」とある。これによれば、自分たちが捨て置かれたことを恨みがましいといい、信綱の言葉にしたがって、城内の「せんちよ」(非キリシタン)と自分たちの入れ替えに応じてほしいと訴えている。

これに対して一揆勢からは、次のような返事が届いた。すなわち、申すまでもなく信仰を堅固に望むことはもっとものことで、城中の者も「天主」に対していかようにも身命を捧げる覚悟であるとし、「他宗之者をおさへて吉利支丹とな」すことは、かねてより知っての通りなかったはずであるので、入れ替えを拒否するとのことであった(以上、八二三〜八二五頁)。

期待した返事が得られなかった信綱は、八日に二度目の申し入れを行わせた。一日の返事を受けて、渡辺小左衛門の署名で次のようにいわせている。城中には無理に参加させた非キリシタンはいないというが、それは偽りであるとし、「落中度もの、又せんちよのきりしたんに罷成、いまにかうくはい(後悔)申ほどのものは、よく〱御ぎんみ候て、我等代に可レ給候」として、投降を希望する者、非キリシタンの者、今後悔している者をよくよく調べて自分たちと交換してほしい、とある。これに添えられた四郎の母・姉の手紙には、子どもに捨て置かれては情けないとし、「しゆへおなしみちとは申ながら一ところにまいり、いづれのみちにもなりゆき申たく候て申入候、御ふんべつ候てそこもとへ御よびとり候て可レ給候」として、同じ信仰に生きるとは申しながらも同じところで同じ道をたどりたいので、自分たちを城内に呼び寄せてほしいという。

　これに対して、渡辺左太郎の署名で返事が来たが、内容的には右の要求に直接応えるものではなかった。代わりに「必々はらいそ(パライゾ)にては合可レ申と存候、ともかくもでうすの御はからい次第に候」とあって、死後「はらいそ」にて会えるものと思うが、すべてはデウスの計らい次第であると返答してきた（以上、八六〇～八六二頁）。結局、一揆指導者は一揆が混成集団であることを否定し、非キリシタンの解放を拒否したということである。ここに最期までキリシタンとして命運を決する覚悟が表明されたのである。

信綱の意図

四郎の母・姉が四郎と「一所に何の道にも成り行き」たいというのは本心であったろうが、城内の非キリシタンとの「人かへ」はあくまで信綱が考えた画策である。これを二度も一揆勢に申し入れたという事実は、この「人かへ」が四郎の母・姉の心情を利用してまで、信綱がどうしても実現したかったことであったことを示している。

右のような、非キリシタンへの投降勧告や、非キリシタンと四郎親族との入れ替えの画策は、一揆が混成集団であることを前提とした作為である。しかし、籠城からすでに二か月が経ち、この時点で一揆勢の劣勢は明らかである。単純な一揆への揺さぶりというだけでなく、そこには一揆後を見据えた信綱の重要な意図があるように思う。

信綱はこの一揆をキリシタン一揆で終わらせたかったのではないか。そうすれば、すべてキリシタンのせいにすることができる。渡辺小左衛門署名の八日の城内への手紙には、信綱の意志として次のように表明されている。小左衛門のような者が十人二十人城中に加わろうと、いずれにしても討ち果たすことには変わりないから、「対㆓宗旨㆒身命を捨可㆑申儀少も不㆑苦候」（八六一頁）であるという。つまり、キリシタンのために身命を捨てるというのは少しも問題はない、というのである。キリシタンは幕藩権力にとって徹底的に消滅させなければならない対象であったから、一揆勢全員がキリシタンである方が好都合であった。

しかし、実際の一揆集団は必ずしも純粋なキリシタン信徒ばかりを構成員とするのではなかった。先に見た投降を促す一月二十一日付の矢文の締め括りには、「当年ハ作リ取ニ可㆑被㆓仰付㆒候、宗門を立致㆓籠城㆒候者ハ、男女共ヲ御成敗可㆑被㆑成候」（七六九頁）とあって、投降した者については引き続き島原・天草地域で農業をやることを許し、当年は年貢を免除するという一方で、あくまでキリシタンとして籠城する者は男女を問わず成敗するという。このまま幕府軍が総攻撃するということは混成集団としての一揆勢を皆殺しにするということを意味し、参加強制・信仰強制によって一揆勢に加わった「とがなきもの」を討ち果たすことになる。これでは「天下御仕置に相違」することになってしまうことを信綱は強く恐れた。結局、信綱の目論見は実現せず、信綱の恐れは現実のものとなる。

近世人の島原天草一揆認識と「仁政」

一揆当時における近世人の島原天草一揆認識

キリシタン一揆という認識

「矢文に見る一揆勢の意識」の章で指摘したことと若干重複するが、本章でこの一揆に対する認識の変化について詳しく検討したい。一揆の発起から終結まで、治者の側に属する人びとの、この一揆に対する認識がキリシタン一揆であったことは間違いない。十月二十七日付で島原藩家老が熊本藩家老へ一揆発生の第一報を送り、援軍を要請した手紙には、「爰許(ここもと)百姓共きりしたん俄(にわか)ニ立あかり一揆の仕合ニて村々焼はらい城下の町迄昨日焼申候」（三六頁）とあり、島原藩領の百姓がキリシタンとして立ち上がって一揆を組織し、村むらを焼き払って、城下まで迫っていると知らせている。ここには、一揆の初発の段階から、すでにキリシタン一揆であるとの認識が表明されている。

その上で、特にキリシタンが多かった地域ではキリシタン一揆の拡散を強く懸念し、すばやく厳重な警戒にあたった。十月二十九日付で熊本藩家老が同藩江戸屋敷に送った書状には、「当御領分三角（みすみ）、天草より程近御座候間、自然の儀も可レ有二御座一候哉と奉レ存」（五四頁）とある。熊本藩領の三角は天草に近く、宇土（うと）・八代（やつしろ）とともにかつてキリシタンが多かったところでもあり、もしものことがあるかもしれないので、役人を派遣し監視することにしたという。十一月二日付の熊本藩家老の江戸屋敷への書状にも、「御国の内ニても古切支丹の催可レ仕と存参候哉、無二心元一存候ニ付て、此段尋可レ申とせんさく申付候」（一〇二頁）とあり、熊本藩の緊張状態は切実なものであったことがわかる。

長崎でも同様であった。十一月十五日付で長崎代官末次平蔵（すえつぐへいぞう）が大坂町奉行曾我又左衛門に宛てた書状では、「爰元之儀、町在郷共に今日迄ハ弥（いよいよ）御法度を相守、きりしたん之心さし無二御座一躰（てい）に相見へ申候、弥立帰不レ申候様に、堅申付」（二六四頁）とある。これによれば、長崎町とその周辺の村はともに十一月十五日現在は禁教の規則を守って、キリシタンの気分が起きる気配はなく、今後もキリシタンに戻らないよう堅く申し付けた、という。また、十一月二十一日付で佐賀藩家老が大坂城代らに宛てた書状には、「長崎町中并末次平蔵殿御代官所ニおいてきりしたん宗起候ハヽ、平蔵かたより到来次第信濃守手前の人数差越申候」（三五五頁）ともある。これによれば、長崎町中ならびに末次平蔵代官所管轄地においてキリシタンが発起したら、平蔵方より連絡が入り次第佐賀藩の軍勢を派遣することになっている、というのである。

一月十日付で熊本藩士堀江勘兵衛が同藩家老長岡監物（ながおかけんもつ）らへ宛てた書状において、「出雲ニも一揆おこり申候由」、「奥州にも出入有レ之」（七〇四頁）などとあるのは、それが事実でなかったとしても、治者の側の人びとが各地の不穏な動向に敏感になっていたことをよく示している。

また、十一月十三日付で熊本藩家老から島原藩家老に宛てた書状では、「嶋原辺天草より参候もの共ハ先しめ置候様ニ相心得有レ之事ニ候、此間其御領分より欠落（かけおち）参候者捕候内、不審成者御座候ニ付て、せんさく仕候へハ切支丹ニて候と白状仕候間、弥しめ置申候」（二一九頁）とある。これによれば、熊本藩では、島原・天草方面からやってきた者にはまず警戒するように心得ているとし、島原藩領から欠落してきた者を捕らえたところキリシタンと白状したので、いよいよ警戒を怠らないようにするつもりだという。欠落してきた者がすべて非キリシタンであるとは限らないのである。

以上のように、このとき治者の側には、自領内においてキリシタンが「立帰」った上で蜂起するかもしれないというのと、島原・天草からのキリシタンが各地に飛び散って拡散するかもしれない、という二つの懸念があった。このようなキリシタンへの厳重な警戒が、隣国でキリシタン一揆が起こったという認識によるものであることは明らかである。

「合戦」ではないとの認識

その一方で、この一揆に対する認識として、あくまで百姓の一揆であるというのもあったことは見逃せない。十一月二十一日付で熊本藩江戸家老から同藩国許の家老に宛てた書状には、「一揆づれの事を、合戦なと、事々敷様ニハ御書被レ成事ハ、御無用ニ御座候」（三五五頁）とあり、たかが「一揆づれ」を「合戦」などと大げさにいう必要はないという。十二月十二日頃の情報として岡山藩が書き留めた記録にも、「一揆の勢殊の外草臥申候、もはや為レ差儀も御座有間敷候」であるとか、「嶋原の一揆ハ大方しつまり申由ニ候」（五三〇頁）などとあり、治者の側の一部には、一揆勢はもはや草臥れている様子なのでまもなく鎮まるとの見通しがあったことがわかる。

きわめつけは、従軍していた小倉藩士に宛てた、その一族と思われる者による二月二十二日付書状である。まず、一揆勢が立て籠もった原城はいまだ落ちていないとのことだが、

「今より成ともこと〳〵く人数相引取、西国（さいごく）大名弐三人に打まかせおかれ候はゞ自然に相済可レ申候」とし、今からでも軍勢を引いて、西国大名二・三家に任せれば自然に収束すると指摘する。これはあくまで「一揆之所作」なのであって、「尋常之武勇とは」違うというのである。そして、「此度互に武勇之あらそい無レ専（せんなき）事候、かやうの太平之時節、武を用へき事何事候哉」と続き、このたびのように互いに武勇を争うというのは、この太平の時代に何事であるかと幕府軍を批判する。その上で、「天下之力に而はつぶて壱つつ、打ても、壱つかみつゝ土をなげて埋ころすとも安事に候、併（しかしながら）諸人の心各なるゆへ事ゆかず候」とし、権力の力で「つぶて」を打ち「土」を投げて一揆勢を埋め殺すことは容易であるが、人びとの心はそれぞれであるから力でねじ伏せることはできない、と鋭く指摘する。

その上で、軍勢をいったん引くことを提案して、「諸軍勢をよせられ今更ひかれ候事も外聞わるきとの事に候哉、それは物のもとにかへるみちを不レ知ゆへなるべし」という。つまり、軍勢を今さら引いては外聞が悪いというのは、「もとにかへるみち」を知らないからであり、「世上の外聞は誰をあいてにしての外聞に候哉」と、そもそも誰を相手とする外聞なのかと問い、「あしき道を以諸人数多損」じる方が「はろき（悪）聞」こそであるとする。

続けて、「只天下之諸大名一分之ほまれをわすれ、君に忠を尽さば、一揆はせめずともしかり」といい、諸大名が自分のみの「ほまれ」を忘れて将軍に忠義を尽くそうとするならば、一揆勢を攻め滅ぼさなくても問題ないといいきる。そうして、「二重はかり堀をほり、柵をふり、拾丁計(ばかり)の日本之地を捨置とも無レ害事に候」ともいい、一揆勢が立て籠もった原城を捨て置いても害にはならないというのである（以上、九一〜九頁）。

この書状を書いた者は京都在住の女性と思われる（文末に「かしく」と結んでいる）が、先のものも含めて、あくまで百姓の一揆であるとの認識は一揆の現場にはいない者の認識である。

キリシタンという脅威

キリシタン一揆の拡散を強く懸念していた一方で、一揆の現場から遠く離れた者の認識とはいえ、百姓の一揆であるから安易に収束するとの見通しを持っていたという、治者の側の矛盾した認識をどう考えたらよいだろうか。一揆集団が決して一枚岩ではなく、多様な参加者から構成される混成集団であったのと同じように、治者の側もこの一揆の受け止め方が多様であったということだろうか。それも一つの評価ではあるが、百姓の一揆は「武勇」を争う「合戦」とは違うというのが治者の側の一般的な認識だったとすれば、彼らにとって百姓が一揆を起こしたこと自体が問題だったのではない。この一揆で治者の側にとって最大の問題だったのは、キリシタンがその神威を基盤に非キリシタンを巻き込んで一揆を起こした、ということだったのではないか。

熊本藩では、一揆の発生を受けて、キリシタン改めを徹底するとして、「宇土・益城（ましき）・八代の御惣庄屋・小庄屋なとの人質」をとっていたが、原城落城後の二月二十八日ただちに解放して、「郡筒（ぐんつつ）（村が保管する鉄砲のことか）も早々差返」した（九六五頁）。また、熊本藩は四郎の一族の他にも、一揆参加者の一族や関係者を捕らえていたが、一揆後彼らをどう処遇するかというときに、もっとも重視したのがやはりキリシタンかどうかであった。三月六日付で熊本藩主細川忠利（ほそかわただとし）が松平信綱（まつだいらのぶつな）・戸田氏鉄（とだうじかね）に宛てた書状において、個別にキリシタンかどうかを吟味した結果を報告し、判断を仰いでいる（一〇〇四～一〇〇六頁）。これらの事実は、キリシタンを抑えておくことこそその拡大を防ぐもっとも有効な手段である、と認識されていたことを示している。

三月十二日付で細川忠利が松平越前に宛てた書状では、この一揆を始末し損なっては「日本之外聞」が悪くなり、「九州之はち」であるとした上で、「左候へハきりしたんハねこハり日本半分之まけと下々も存候」（一〇一七頁）とあるように、そうなってしまっては、

図24　島原の一揆勢供養碑（原城跡内所在）

図25　天草の一揆勢供養碑（熊本県苓北町富岡字首塚地内所在）

図24・25ともに、一揆後、天草代官として復興に尽力した鈴木重成による建立という。

キリシタンがはびこり「日本」は半分負けたと下々も思ったことだろう、との感想が記されている。同じ書状の中で忠利は、「きりしたんハ存之外六ケ敷（むつかしき）やつニて候」（一〇一九頁）と述べているように、治者の側はこの一揆を発起から終結までキリシタン一揆として認識し、この一揆の収束にあたって改めてキリシタンほど厄介な存在はないとの思いを強くしたに違いない。

もし、原城に籠城（ろうじょう）した一揆勢が純粋なキリシタンであったならば、幕府がこれを徹底して殺戮してもすべてキリシタンの責任にしてしまえばよかった。しかし、現実にこの一揆はキリシタン一揆では終わらなかったことが、問題を複雑にした。非キリシタンを投降させることに失敗したことで、かえって一揆勢が混成集団であったという印象を強く残してしまい、幕府にとって一揆後の新たな課題が生じることになった。すなわち、結果的に非キリシタンが混在している一揆勢を殺戮したという現実をどのように説明するのか、という問題である。幕府は圧倒的な軍事力でこの一揆をねじ伏せたが、その代償として、混成集団としての一揆勢を殺戮した現実と治者としての正当性を、整合的に説明することを迫られることになったのである。

一揆後における近世人の島原天草一揆認識

松倉・寺沢の処遇

よく知られているように、一揆後、島原の領主松倉勝家（まつくらかついえ）、天草の領主寺沢堅高（てらざわかたたか）が厳しく処罰されたことは事実であるが、実は一揆直後からその理由が自明だったわけではない。

いくつかの史料には、原城（はら）落城から一か月あまり経った四月、従軍した諸将が豊前（ぶぜん）国小倉に集められ、将軍徳川家光（いえみつ）の意向として、次のように伝えられたとされている。たとえば、『嶋原一揆松倉記』では、「長門守領地仕置悪敷故（あしきゆえ）一揆起り、大小大分之人痛ましむる」ゆえに、松倉勝家については改易（かいえき）の上、森内記に預けられるとし、天草で一揆が起こったのも「不届」であるので、寺沢堅高については天草を没収する（『続々群書類従（ぞくぞくぐんしょるいじゅう）』四、一九〇七年、四二三頁）、とある。『廃絶録』でも、松倉勝家・寺沢堅高を処罰する理由は、「重次（勝家）が領知にて一揆蜂起の事、政道柔弱なるが故」であるし、「天草にて一揆蜂起の事ハ、守護政道柔弱のゆへ」（『恩栄録・廃絶録』近藤出版社、一九七〇年、二五六〜二五七頁）とあるのはすでに前にも見た。

しかし、これらはいずれも、一揆後しばらく経ってから編纂された史料であることに注意する必要がある。一揆直後の一次史料では、この段階で、松倉勝家・寺沢堅高の苛政がこれほど問題にはされてはいない。四月十二日付の『幕府日記』では、松倉勝家が森内記へ、弟の右近が生駒壱岐（いき）守へ、弟の三弥が松平長門守へ、それぞれ預けられ、寺沢堅高が天草を没収されたと記すのみである（一〇六〇頁）。松平信綱の子輝綱（てるつな）の従軍日記である『嶋原天草日記』でも、家光の意向として「被レ預二松倉長門守美作（みまさか）国森内記一、被レ預二松倉右近於讃岐国生駒壱岐守一、被レ没二収寺澤兵庫頭領地天草四万石一」とあるだけである。したがって、小倉で申し渡されたのは処罰内容だけであった可能性が高く、処罰理由が苛政であったとするのは、後世に付け加えられた結果ではないか。

松倉勝家に死罪が申し渡されたのは、この年の七月十九日で、この日の『幕府日記』に「常々不作法も数多依レ有レ之（あまたこれあるにより）」（一〇九一頁）として、初めて処罰の理由が示されている。

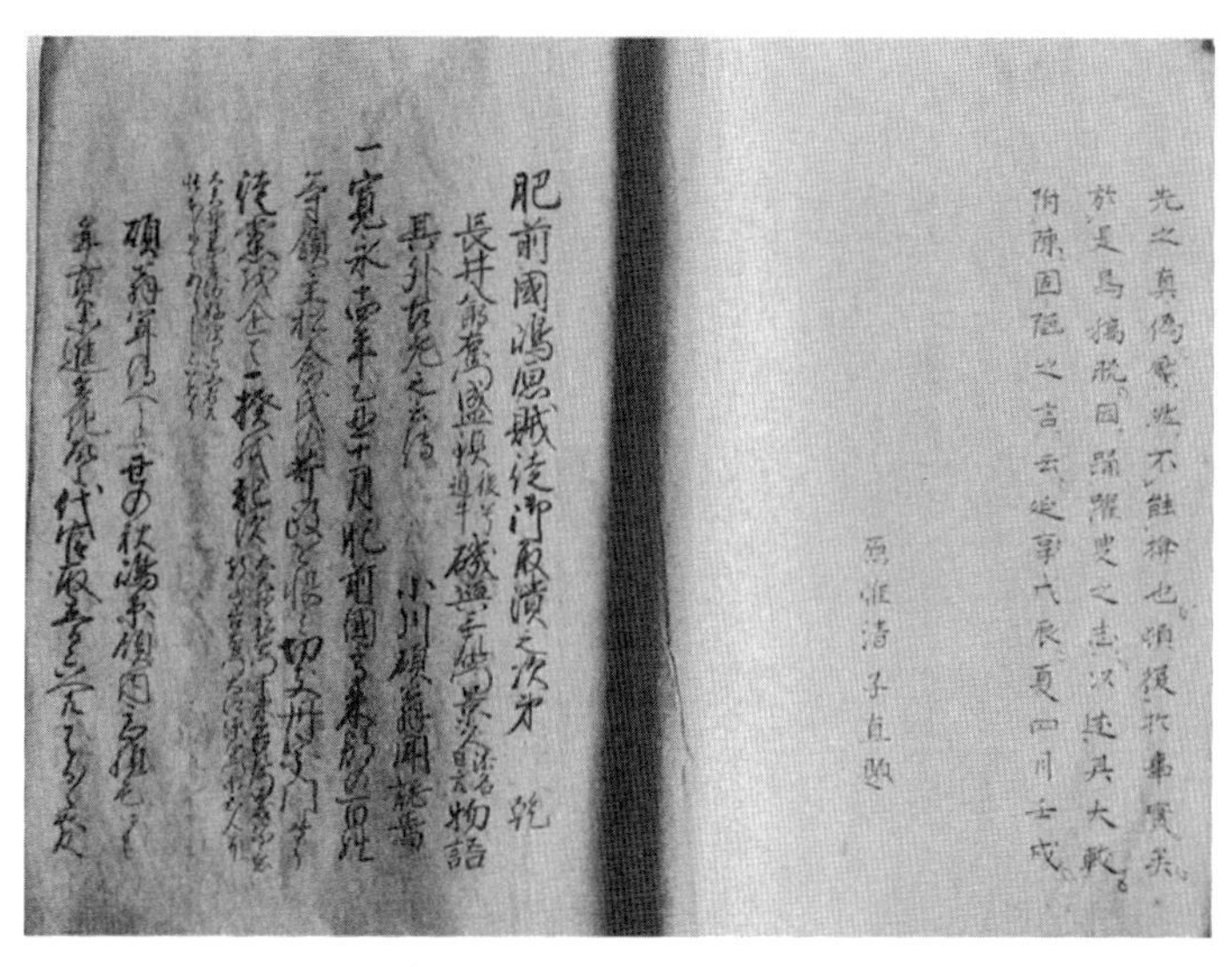
肥前國嶋原賊徒御成敗之次第　乾

寛永十四年丁丑十月肥前國高來郡之百姓

図26　『嶋原一揆談話』（秋月郷土館所蔵）

この「不作法」が何を意味しているかはこれだけでは判然としないが、ここで強調したいのは、一揆の原因に対する幕府の公式見解として、領主苛政が浮上してくるのは、一揆後しばらく経ってからだということである。そして、以後、時代の経過とともにこの方向の認識が強調され、定着していくことになる。

たとえば、十九世紀前期に編纂された『徳川実紀』では、四月十二日の項で、松倉勝家は「佞臣を信用し、国政みだりがはしく民を苦しめけるより、こたびの一乱を引起しけるをもて、罪蒙りしなり」とあり、寺沢堅高は「国政よろしからず、衆人そむきたる」（一〇六一頁）とある。同じ七月十九日の項では、松倉勝家は「平日佞臣を登用し、国民をくるしめし罪かろからず」として、「斬に処せられ」（『徳川実紀』第三篇、吉川弘文館、一九六四年、一〇八頁）たという。

一揆後、十七世紀中期以降、この一揆を題材にした実録風の一揆物語が登場するが、これらは一様に松倉勝家・寺沢堅高の苛政を強調している。徳川家旧蔵東京大学本の『島原記』では、松倉勝家は「領内常々仕置不レ宜ニ付、加様之儀令二出来一天下ノ騒動仕出候段不忠之至」であるとし、寺沢堅高は「常々不仕置故、今度天草表一揆蜂起不調法至極之儀也」（『改定史籍集覧』二六、臨川書店〈復刻版〉、一九八四年、三三三・三三五頁）とある。また、仮名草子の『嶋原記』では、「今度嶋原あま草両所の一揆ハ、都て所守の政法軽弱たるゆへなれば、何れも死刑に行れん」（ルビも原文の通り、早稲田大学図書館蔵）とあり、秋月藩士小川碩翁が同藩の古老の言い伝えをもとに寛延元年（一七四八）に著した『嶋原一揆談話』では、「肥前国高来郡の百姓等領主松倉氏の苛政を恨ミ」（秋月郷土館蔵）とある。天草を中心に描く『四郎乱物語』でも、「此度高来天草民困窮のうへ、令二一揆一及二大乱一事、本ハ守護之政道不レ宜故」（『四郎乱物語』天草切支丹館、一九七三年、三九五～三九六頁）であるという。

図27　富岡城から望む天草

領主苛政によってこの一揆が起こったと指摘するのは、島原天草一揆の一揆物語だけではない。天草では、文化二年（一八〇五）、下島西岸の大江村・崎津村・今富村・高浜村で五千人以上の潜伏キリシタンの存在が問題となる、天草崩れと呼ばれる事件が起こっているが、そのさなか、吟味に当たった島原藩（当該期、幕府領天草郡を預かり地としていた）が、幕府に対して千五百石の減免願いを提出している。その中で注目されるのは、「寛永年中之一揆騒乱も、下方難儀より事起候」（『天草郡史料』第一輯、臨川書店〈復刻版〉、一九八六年、三四九頁）として、島原天草一揆の原因が経済問題にあったと認識されていることである。ここでは、直接松倉勝家・寺沢堅高の苛政が「下方難儀」の原因であるとはいっていないが、この願書が減免願いであったことを考え合わせれば、当該期の島原藩は「下方難儀」の背景に領主苛政があったという認識を持っていたことになろう。天草崩れは最終的には、改めて絵踏みを実施し、「異法」を回心するという条件で全員許されて決着するが、「下方難儀」から起こったという島原天草一揆の記憶が島原藩による減免願いを引き出した（前掲拙著『キリシタン民衆史の研究』）。

先に見た通り、一揆の全過程を通じてこの一揆がキリシタン一揆であるというのが幕藩権力の認識であったが、実際には混成集団としての一揆勢の切り崩しに失敗したため、キリシタン一揆として終結させることはできなかった。すべてをキリシタンの責任に帰すことが不可能になったことにより、領主苛政が浮上することになったのである。

「切支丹」と「一揆」

しかし、だからといって、領主苛政を一揆の原因にあげる後世の著作物では、一揆におけるキリシタンの役割が無視されているのではない。『廃絶録』では「吉利支丹一揆蜂起」「耶蘇徒蜂起」（『恩栄録・廃絶録』一二五六〜一二五七頁）とあり、『嶋原一揆談話』でも「切支丹宗門となり徒党を企て一揆を起す」（秋月郷土館蔵）とある。文化二年に島原藩が幕府勘定奉行に提出した天草郡減免願いでも、「寛永年中切支丹騒乱差起」（『天草郡史料』第一輯、三四七頁）とあり、この一揆の原因として領主苛政を重要視しつつも、「切支丹」が起こした一揆であることを忘れてはいない。

一揆後、混成集団としての一揆勢を徹底的に殺戮したことで権力の正当性を確保するため、幕府は領主苛政を強調する方向にシフトしていったが、この一揆が「切支丹」によって引き起こされたことが忘れ去られたわけではなく、近世期を通じて「切支丹」は世俗秩序から逸脱する表象として広くイメージされていった。

たとえば、慶応二年（一八六六）陸奥国信夫・伊達両郡で起きた一揆の指導者と見なされた菅野八郎が、子孫への遺訓として書き残したものの中に、「切支丹」に触れた部分がある。「子孫心得之事」（八老十ヵ条）と題する文章の一部に、次のようにある。

> 天草の百姓共一揆を起し、一戦に地頭の城二ケ所を打破り、兵粮・玉薬を奪取、原の古城えたてこもり、天下の軍勢十八万余人の大軍を引受て、防戦数度にして、年越て落城せず、是何故と言に、テウスに命をさゝげ奉るの一念故也、たとへ百姓たり共、大勢心を一つにして、命をだに不レ惜ば、少しも武士に異る事なしと見へたり、危ひ哉日本、半国の愚民共切支丹になるならば、忽ち天草の如く、東西南北に乱を起させんとのバテレンの工夫ありしならん（『日本思想大系58 民衆運動の思想』岩波書店、一

九七〇年、一二四～一二五頁）

右によれば、百姓がみな「テウスに命をさゝげ奉るの一念」をもって「切支丹」になってしまえば、寛永期の島原天草一揆のように騒乱は避けられず、「日本」が危ういというのである。

また、慶応三年（一八六七）に始まり明治六年（一八七三）に終結した浦上四番崩れと呼ばれる潜伏キリシタン露顕事件で、拷問を受けてもなお屈しなかった高木仙右衛門の覚書には、次のようにある。吟味の中で仙右衛門は、「キリシタンハおかみにいつきをした事もありません」と申した上で、

> このまちへんにキリシタンについていろ〳〵ひやうばんがありまする。それハキリシタンハアマクサのてんのしろ、チヾワごろさゑもん、サゲハルきんさくのやうに、むほんをしたり、いろ〳〵かつてじゆうにわがまゝするもの、やうにいゝたてますれはバ、いづれおかみもそのとうりなうたがいしておりませふとおもいまする。それハおほきにりよふけんちがいでござりまする。……けつしてキリシタンハてんのしろのことききのものでありません。それをいろ〳〵うたがいまするハおほきなふいきとゞきでござる（高木慶子『高木仙右衛門覚書の研究』中央出版社、一九九三年、六二～六四頁）。

と証言したという。ここでいう「てんのしろ」が島原天草一揆の総大将天草四郎のことを指しているのは明白である。自分たちは、天草四郎のように「謀叛」の「一揆」を起こす者とは違うというのである。四郎をはじめとした島原天草一揆に蜂起した「立帰」りキリシタンも、仙右衛門をはじめとした幕末の潜伏キリシタンも、ともに同じキリシタン信仰者であるはずだが、「一揆」に対する認識がまったく異なっているということである。

　島原天草一揆から二百年以上の期間、潜伏キリシタンを含めて近世人には、「切支丹」と世俗秩序を乱す武力蜂起としての「一揆」とは、緊密に結びつけられて記憶されてきたのである。

反面教師としての松倉・寺沢

　島原天草一揆を描いた一揆物語では、一揆の終結後、安定した世の中になったとして、幕府の治世を称賛するというのが定型のパターンである。たとえば、仮名草子の『嶋原記』の結びでは、「か丶る御成敗の上ハいよ〱海内しづかにして、士農工商にいたるまでゐいように住せし事、つたへきく延喜天暦の聖代もこれにハすぎしとぞ見へし」（ルビも原文の通り、早稲田大学図書館蔵）とあり、この一揆の仕置後、「士農工商」にいたるまで平穏に暮らせる世の中が実現したとして、歴史上理想の治世であったとされる「延喜天暦の聖代」も、幕府の治世に勝ることはないといい切っている。『四郎乱物語』の結びでも、「其後、高来天草の両所にハ、守護人御入部有て、世ハ太平と成にけり」とある（『四郎乱物語』三九六頁）。

島原天草一揆の一揆物語が領主苛政をその重要な原因として描き、松倉勝家・寺沢堅高の処罰を経て一揆後の幕府の治世を称賛するというのは、領主全般に対して「明君」たるべきことを要求しているということを意味する。これは単に一揆物語が、そうした理想を語っているということに留まらない。現実の領主であった松倉勝家・寺沢堅高に対する処分の重さが、領主と百姓との緊張関係を保持することになる。

松倉勝家は改易の上、死罪を命じられ、寺沢堅高は天草没収の上、後自害した。特に勝家は、一揆の原因を領主苛政にあったと明言するドアルテ・コレアの報告書では、切腹も許されず、斬首であったとされている（『長崎県史　史料編第三』一三二頁）。幕府の正史『徳川実紀』もそうである。切腹であったか斬首であったかは、同時代の一次史料で確認することはできないが、切腹であったとしても厳しい処分であったことには違いない。斬首であれば、大名が切腹も許されなかったということになり、その厳しさは空前絶後である。

保坂智氏によれば、百姓一揆の史料では十七世紀中期以降、その事件を表す語として

「一揆」の語は基本的には姿を消し、十八世紀後期以降再び登場してくるという（前掲『百姓一揆と義民の研究』）。それは「一揆」といえば島原天草一揆のことをイメージするからである。つまり、領主にとって領内で「一揆」が起こったことを認めれば、自分は松倉勝家や寺沢堅高と同じ苛政をしたことを認めたことになり、そうなれば「仁君」「明君」でないことは明らかである。

一方、百姓にとっても自分たちの行動を「一揆」であると認めたくなかった。十七世紀中期以降十八世紀にかけて、潜伏キリシタンが世俗秩序に埋没して、表面上キリシタンが消滅する中で、「一揆」とは世俗秩序を乱す「切支丹」のような幕藩制秩序から逸脱する異端が起こすものである、との認識が広がっていたからである。したがって、百姓が何らかの異議申し立てを行うとき、これを「一揆」と認めれば、公儀の「御百姓」を成り立たせる「仁政」の回復を求めるという正当性が失われることになる。

このような状況を背景に、領主も百姓も、これは島原天草一揆のような「一揆」ではないことを強調することで自分たちの行動を正当化しようとしたのである。もちろん、幕藩体制は大名が幕府に対して石高に応じた軍役を果たすことで成り立っている軍事体制である以上、参勤交代（さんきんこうたい）などの厳しい軍役の負担はそのまま領民に転嫁される仕組みになっており、「仁政」の実現というのは構造上期待できないものであった。したがって「仁政」を媒介とした恩頼関係というのは欺瞞に満ちたものでしかなく、まさにイデオロギーというべきものであった。しかし、飢饉時に減免や施行などの「御救い」が実施されるなど、一定程度、百姓の生活が維持されている場合、「仁君」「明君」による「仁政」に頼って生きる方向が目指されるのが当該期の常識であって、百姓の日常生活は「仁政」イデオロギーに制約されたものであった（深谷克己『百姓成立』塙書房、一九九三年）。

　このように、近世の領主と百姓は、「仁政」を媒介に恩頼関係を保っている関係にあったが、若尾政希氏によれば、そのような認識が双方に定着するのに大きな影響を与えたのが、楠木正成の活躍を描く軍記物語『太平記』の講釈「太平記読み」であったという。十七世紀に入って戦争のない時代へ移行する中で、「太平記読み」の中の正成は、勇猛な武将としてというよりも、領民に慕われる知略・才略に富んだ治者として語られるようになるというのである。若尾氏は、「太平記読み」はもともと大名に読み聞かすための秘伝であったが、そのネタ本である『太平記秘伝理尽抄』が十七世紀中期以降版本で出回ったことにより、「仁君」としての楠木正成が理想の領主像として、領主と百姓の双方にイメージされるようになったと指摘している（『「太平記読み」の時代―近世政治思想史の構想

―』平凡社、一九九九年)。

領主と百姓が、あるイメージを共有していくには、その枠組みを越えて情報が流通するための手段が必要である。若尾氏の研究は、「仁君」の理想像を普及させた手段として、「太平記読み」とそのネタ本である『太平記秘伝理尽抄』に注目した。「仁政」を媒介に領主と百姓が恩頼関係で結ばれるようになるのに、このような書物やオーラルなメディアが重要な役割を果たした、との指摘は説得力がある。

島原天草一揆は、まさに楠木正成を理想の「仁君」として描く「太平記読み」の形成過程のさなかに起こった。「太平記読み」の語りと、一揆後の島原天草一揆の語られ方は、いわばコインの裏表である。現実にこの一揆が起こったことによって、社会の安定のためには「太平記読み」で語られる楠木正成のような「仁政」の実現が切実な課題として、領主・百姓双方に認識されるようになったと筆者は考える。「太平記読み」における「仁君」としての楠木正成と対照的な領主が、松倉勝家であり寺沢堅高であったということである。島原天草一揆は、以上のような近世期の領主と百姓との関係を規定する、「仁政」イデオロギーの形成・維持に多大な影響を与えたのである。

一揆原因の認識の変化

以上、検討してきたように、この一揆の原因の認識が、一揆の初発段階から終結まではキリシタンを主とするものであったのが、一揆後では領主苛政を主とするものへと大きく変化したのは、幕府の操作があったと思われる。しかし、この一揆の本質はやはりキリシタン一揆で、領主苛政は後世の創作であったというのではない。矢文（やぶみ）を検討した章で確認したように、キリシタンが主原因であると認識された一揆の展開時から領主苛政を伝える情報は流布していたし、その領主苛政の実態も確かにあった。その一方で、領主苛政が強調された一揆後においても「切支丹」がこの一揆を引き起こしたという認識は消えなかった。近世期を通じて、島原天草一揆は領主苛政と「切支丹」邪教観が必ずセットで語られた。とすれば、「仁政」といえば従来は百姓の経営維持を意味する「百姓成立（なりたち）」の実現を指すとされてきたが、幕府の「仁政」の中身は、そうした経済政策に加えて、秩序を乱す「切支丹」の排除という宗教政策も含まれていたということになる。

キリシタン禁制への抵抗と領主苛政への批判は、この一揆を支える両輪であって、両者とも欠くことのできない一揆の重要な原因である。そのどちらも一揆が起こった重要な要素であるが、そのどちらが本質であるかというのはそのときの政治的・経済的条件によって認識が変わってくる。換言すれば、一揆の原因をどのように認識するかというのは、その一揆を認識しようとする者を取り巻く状況に左右されるということである。

戦後六十年の間に、この一揆に対する認識が大きく変わってきたのもそれはあてはまる。戦後歴史学は戦前以来の皇国史観の克服を目指して、宗教が歴史に与えた影響をできるだけ考えないようにしてきた。それはもちろん、戦前の歴史学が皇国史観の暴走を食い止めることができず、かえって荷担した場合もあったことへの反省の上に立ってのことである。しかし、その結果、宗教を過小評価してしまったことは否定できない。島原天草一揆の本質は領主苛政に対する抵抗であって、キリシタン問題は外皮であるとの評価が一般的だったのは、宗教に対して距離を置こうとする戦後歴史学の姿勢と無関係ではない。

ところが、環境問題の顕在化に象徴される近代化の矛盾の拡大により、歴史は発展するという見方に疑問が投げかけられるとともに現実の社会主義国が解体した一九九〇年代以降、宗教の歴史的役割が注目されるようになった。きわめつけは、二〇〇一年にアメリカで起こった九・一一事件である。一見、キリスト教社会に対するイスラム教社会の報復であるかのような構図で事件の背景が語られ、ますます宗教問題の重要性が認識されるようになった。近年、島原天草一揆の本質は宗教戦争であるとの評価がクローズアップされてきているのは、やはり宗教に注目する現代歴史学の姿勢と無関係ではない。二〇〇五年十二月十日付『日本経済新聞』の文化欄には、近年の島原天草一揆研究の傾向として、そのように紹介されている。

戦後六十年の歴史学において、右のように島原天草一揆の評価が大きく変わってきたのは、歴史学を取り巻く社会状況の変化と密接な関わりがある。したがって、島原天草一揆の原因は宗教問題と経済問題のどちらが本質であるか、という問題の立て方こそ疑われなければならない。ある対立する認識を並べて、どちらが本質かを問う検討のしかたこそ再考されなければならないのは、何も本書で検討してきた島原天草一揆をめぐる問題に限られるはずはなく、さまざまな歴史的事件や出来事の歴史的評価をしようとする場合にも当てはまることが予想される。九・一一事件の原因にしても、キリスト教対イスラム教という単純な構図では決してなく、この事件を取り巻くあらゆる問題を総体として分析してみる必要がある。

私たちを取り巻く社会状況によって一方が突出して見えることもあれば、別の一方がより本質的であるように見えることがある。しかし、それこそ歴史を考えようとする私たちも歴史的に拘束されている存在であることの証拠であって、そのような歴史的被拘束性を自覚しつつ、自分の置かれた立ち位置をしっかりと見据えて歴史を考えてみる必要がある。

「島原天草一揆」という呼称――エピローグ

「島原の乱」は妥当か？

最後に、この事件の呼称の問題について触れて本書を閉じることにする。本書では、この事件の名称として一貫して「島原天草一揆」を使用してきた。明治期以来、「島原の乱」の名称が使い慣らされてきたし、今も一般的には「島原の乱」の方が通りがよいかもしれない。しかし、本書が「島原の乱」ではなく、「島原天草一揆」にこだわってきたのはもちろん理由がある。以下、この呼称を最初に提唱した深谷克己氏の議論（前掲「「島原の乱」の歴史的意義」における「一、はじめに」の注1）を筆者なりに再構成し、改めて、この事件には「島原天草一揆」の呼称がもっともふさわしいことを主張したい。

「島原の乱」の問題点

「島原の乱」の呼称には二つの問題がある。一つは一揆が展開した地域を正確に表していないことであり、もう一つは「乱」という表現に、ある歴史的評価が加わっていることである。

前者についていえば、「島原の乱」の「島原」とは一揆勢が籠城した原城のことである。もちろん一揆勢の原城籠城は重要な事実であるし、そこでの幕府軍との攻防は注目すべき動向がたくさんあった。しかし、それは一揆の後半でしかなく、そこにしか注目しないということになれば、前半の展開については扱いがどうしても軽くなってしまう。原城への籠城は、幕府軍派遣によりその暴力からの緊急避難という対応の結果であり、最初から予定されていたことではなかったことを考えても、「天草」がこの事件の呼称に入らなければ、この事件がどこで起こったのかを正確に表したことにならない。原城籠城にいたるまでの、島原・天草双方における展開に注目するためにも、「天草」を落とすことは許されない。

次に後者についていえば、歴史用語としての「乱」という表現には主に二つの意味があると筆者は理解している。一つは、内乱の意である。これは権力闘争としての戦争状態のことをいい、「承久の乱」とか「南北朝の内乱」とかが典型例である。もう一つは、秩序を乱すとの意である。これは秩序を維持する側に立って、それを乱す者の方に非があるとのニュアンスで使用される。かつて一般に使用されてきた「シャクシャインの乱」が典型例であるが、近年の歴史教科書では、この意で「乱」の呼称を使うのは問題があるとして、使用しなくなってきている。「シャクシャインの乱」は、「シャクシャインの蜂起」または「シャクシャインの戦い」という呼称を使うのが一般化している。

本書で検討してきたこの事件が「乱」という呼称で語られてきたのは、「シャクシャインの乱」と同じく、事件を起こした側に非があるとの意である。したがって、この意味で使う「乱」という表現は再考されなければならない。「島原の乱」の呼称が最初に使用されたのは、明治二十三年（一八九〇）十二月発行の『史学会雑誌』一三号に掲載された、磯田良「島原乱」であると思われる。この論考は以下一七号（一八九一年四月）まで連載された。これは、近代歴史学の黎明期、実証主義の風潮のもとで史料にそくして事実を描き出そうとする姿勢がうかがえる論考ではあるが、一揆勢を「賊」といってはばからず、幕府の許可なく他領に兵を出すことを禁じた法令に拘泥するあまり、一揆の拡大を放置した豊後目付（ぶんごめつけ）に特に批判の目を向けている。いずれにしても、いかにして秩序を維持するかという視線でこの事件を眺めていることは明らかで、その立場が「乱」の呼称に集約されているといえよう。

「島原天草一揆」こそふさわしい

本書で検討してきたように、この一揆は、一揆発生時はもちろん、近世期を通じて「一揆」の典型例として語り継がれてきた。領主と百姓との緊張関係を維持するのに大きな役割を果たした事件として、近世人にとってこの出来事は「一揆」そのものなのであり、「一揆」こそこの事件の呼称としてふさわしい。したがって、一揆の前半を表す「天草」を加えることとあわせて、この事件は「島原天草一揆」と呼ぶのがもっとも自然である。

ただし、近年の島原天草一揆研究では、この事件を宗教戦争と見る評価が主流となっていることはすでに指摘した通りである。この場合、「日本宗」と史料上で表記される神仏信仰とキリシタンとの闘争が基盤となっているという評価であるから、内乱という意味の「乱」という呼称も可能性はなくはない。秩序を乱すとの意ではないという意味で、明治期以来の「島原の乱」とは確かに違う。

しかし、本書ではこの見方に批判的である。本書は、キリシタン問題と経済問題の両方があって初めてこの一揆が成立したという立場に立つ。一方の宗教問題に特化して評価しているという意味で、内乱という意味の「乱」も呼称としてはふさわしくない。また、これを「乱」と理解することは、日本史上、特殊な宗教戦争として位置づけることにもなる。この事件を中近世の日本列島各地で展開した、一揆という民衆運動の中に正当に位置づけるためにも、「島原天草一揆」の呼称で呼ぶのがもっともふさわしいのである。

あとがき

民衆運動と宗教問題に関心を持つ筆者にとって、島原天草一揆はいつかは必ず検討してみたい材料であった。しかし、長らくこの一揆そのものの研究はできなかった。それは、関連史料が大量にあることから、安易に手をつけてしまうと収拾がつかなくなってしまうのではないか、との懸念があったからである。史料が断片的にしかない研究対象からすれば、あまりにもぜいたくな悩みかもしれない。しかし、実際、同時代の史料以上に、一揆物語や排耶論など島原天草一揆に関わって後世に創作された史料も少なくなく、史料分析の方法と視角をしっかり見定めなければ、膨大な史料に分け入っていくことがためらわれたのである。

結果、これまでの筆者の研究は、島原天草一揆そのものの分析を避け、一揆後のキリシタン禁制をめぐる問題、とりわけ「崩れ（くずれ）」という呼称で後世に呼ばれるキリシタン露顕事件が主な対象となったが、この一揆に対する関心は常にあった。近世日本の民衆運動と宗教問題は、どれを取り上げてもこの一揆の影響を受けているように感じられた。それでもなかなか島原天草一揆の研究に着手する勇気は起きず、長い間手つかずの状態であった。

そんなとき、筆者の島原天草一揆研究のきっかけをつくってくれた企画が吉川弘文館の『戦争・暴力と女性』全三巻である。第一巻『戦の中の女たち』(二〇〇四年刊行)の編者である西村汎子さんから、島原天草一揆における女性を書くように勧められたことが、これまで二の足を踏んでいた筆者の背中を押してくれた。この企画は「女性は常に被害者か」との問いを前提に、「女性」という枠組みを相対化しようという試みであった。一揆に関わった女性を一律に性格規定できないことを「発見」した、この企画の論考「島原天草一揆における女性」が本書の原型となった。

どんな枠組みもすべて例外なく単色に塗りつぶせない。本書の結論はこれにつきる。島原天草一揆は経済闘争か、宗教戦争か、という二項対立的な理解の仕方はわかりやすい。わかりやすいが、同時に実態と乖離(かいり)する可能性を招きやすい。二者択一的なディベートが歴史の授業になじまないのは、ものごとの単純化に陥りやすいからである。やや自己弁護がましいが、歴史叙述に引きつけていえば、わかりやすい講義が必ずしもいい講義とは限らないのである。

近年、さまざまな場面で、それまで曖昧だったものに境界が引かれ、大きな塊だったものが細分化されるという方向が立ち現れている。それは効率性とわかりやすさを求めた結果である。細分化された枠組みの中でものごとを単純化して理解しようとするのは、混沌としているものへの居心地の悪さを克服したいという気分から起こる、恣意的な行為にほかならない。むしろその混沌としていることこそ実態に近いのであって、真理を求めようとする私たちがなすべきことは、複雑なものを単純化して安心することではなく、矛盾あるものを総体として受け止めてその関係性の意味を考えることではないか。そのように考えると、ある枠組みを固定して一律に処理してしまうような策動には強い違和感を感じる。「国民」の枠組みを強引にはめ込んで、「愛国心」を強要したりするように。

今年は、島原天草一揆終結からちょうど三百七十年にあたる。きりがいいという以外にこの数字に意味はないのだが、節目にあたって歴史的事件を振り返り、自己の立ち位置を繰り返し確かめるというのは必要なことであると思う。とりわけ地球規模の社会状況の変化に応じて、近年評価が変わってきている島原天草一揆を改めて検証してみることは、この一揆の後世への影響の大きさを考えると、近世という時代そのものをどのようにとらえるかをも規定する重要な作業である。この一揆の位置づけ方について、本書がどれほど成功しているかは読者のみなさんの判断に委ねるほかないが、筆者としては、本書の問題意識・分析方法は島原天草一揆という歴史的事件のみで完結することなく、より広い射程を意識していた、としておこう。

なお、筆者は勤務先の早稲田大学から、二〇〇四年度・〇五年度の特定課題研究として、それぞれ「島原天草一揆の基礎的研究」「島原天草一揆と潜伏キリシタンを素材とした民衆運動における暴力・非暴力の研究」で研究助成をいただいた。本書はその成果の一部である。また、『戦の中の女たち』の筆者の論考を広げて書き下ろしの本にするよう勧めてくださった吉川弘文館の大岩由明さん、担当の伊藤俊之さんには、本書の刊行にあたって多大なお骨折りをいただいた。感謝申し上げる。

島原天草一揆で犠牲になった人びとへの鎮魂の思いを込めて、
原城落城から三百七十年の日(二〇〇八年二月二十八日)に

大橋幸泰

著者紹介

一九六四年、新潟県に生まれる
一九八七年、早稲田大学第一文学部史学科日本史学専修卒業
一九九六年、早稲田大学大学院文学研究科史学(日本史)専攻博士後期課程満期退学
一九九九年、博士(文学)早稲田大学
武蔵高等学校中学校教諭を経て、
現在、早稲田大学教育・総合科学学術院准教授

主要著書・論文
『キリシタン民衆史の研究』、「キリシタン禁制と異端的宗教活動」(『歴史学研究』八〇七)、「潜伏という宗教運動」(『歴史評論』六八八)

歴史文化ライブラリー
259

検証 島原天草一揆

二〇〇八年(平成二十)七月一日 第一刷発行

著　者　大橋(おおはし)幸泰(ゆきひろ)
発行者　前田求恭
発行所　株式会社 吉川弘文館
東京都文京区本郷七丁目二番八号
郵便番号一一三—〇〇三三
電話〇三—三八一三—九一五一〈代表〉
振替口座〇〇一〇〇—五—二四四
http://www.yoshikawa-k.co.jp/
印刷＝株式会社 平文社
製本＝ナショナル製本協同組合
装幀＝清水良洋・黒瀬章夫

歴史文化ライブラリー

1996.10

刊行のことば

現今の日本および国際社会は、さまざまな面で大変動の時代を迎えておりますが、近づきつつある二十一世紀は人類史の到達点として、物質的な繁栄のみならず文化や自然・社会環境を謳歌できる平和な社会でなければなりません。しかしながら高度成長・技術革新にともなう急激な変貌は「自己本位な刹那主義」の風潮を生みだし、先人が築いてきた歴史や文化に学ぶ余裕もなく、いまだ明るい人類の将来が展望できていないようにも見えます。このような状況を踏まえ、よりよい二十一世紀社会を築くために、人類誕生から現在に至る「人類の遺産・教訓」としてのあらゆる分野の歴史と文化を「歴史文化ライブラリー」として刊行することといたしました。

小社は、安政四年(一八五七)の創業以来、一貫して歴史学を中心とした専門出版社として書籍を刊行しつづけてまいりました。その経験を生かし、学問成果にもとづいた本叢書を刊行し社会的要請に応えて行きたいと考えております。

現代は、マスメディアが発達した高度情報化社会といわれますが、私どもはあくまでも活字を主体とした出版こそ、ものの本質を考える基礎と信じ、本叢書をとおして社会に訴えてまいりたいと思います。これから生まれでる一冊一冊が、それぞれの読者を知的冒険の旅へと誘い、希望に満ちた人類の未来を構築する糧となれば幸いです。

吉川弘文館

〈オンデマンド版〉
検証 島原天草一揆

歴史文化ライブラリー
259

2019年（令和元）9月1日　発行

著　者　大橋幸泰（おおはしゆきひろ）
発行者　吉川道郎
発行所　株式会社　吉川弘文館
〒113-0033　東京都文京区本郷7丁目2番8号
TEL　03-3813-9151〈代表〉
URL　http://www.yoshikawa-k.co.jp/

印刷・製本　大日本印刷株式会社
装　幀　清水良洋・宮崎萌美

大橋幸泰（1964～）

ISBN978-4-642-75659-4